DUMONT
DIREKT

Ri o de Janeiro

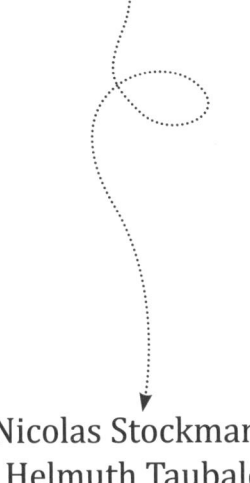

Nicolas Stockmann
Helmuth Taubald

Inhalt

Das Beste zu Beginn
S. 4

Das ist Rio
S. 6

Rio de Janeiro in Zahlen
S. 8

Was ist wo?
S. 10

Augenblicke
Am Strand von Arpoador ...
S. 13
Spektakuläres am Hafen
S. 15
Samba am Salzfelsen
S. 17

Ihr Rio de Janeiro-Kompass
15 Wege zum direkten Eintauchen
in die Stadt
S. 18

 Weltberühmtes Wahr-
zeichen – **der Zuckerhut**
S. 20

 Der Mythos lebt – **die
Copacabana**
S. 25

 Boulevard der Schönen und
Reichen – **am Strand von
Ipanema**
S. 30

 Topläden und Gourmet-
tempel – **im noblen Leblon**
S. 34

 Wasser und exotische
Pflanzen – **Lagune und
Botanischer Garten**
S. 38

 Das unbekannte Leben der
Armen – **die Favela Santa
Marta**
S. 42

 Das faszinierende Stadt-
panorama – **Corcovado mit
Christus-Statue**
S. 46

Alte Pracht an der
Guanabara-Bucht –
Flamengo, Catete, Glória
S. 51

Rios Museumslandschaft
S. 80

Rio erfindet sich neu
S. 80

 Rio vom Wasser aus – **mit
dem Boot durch die
Guanabara-Bucht**
S. 55

Pause. Einfach mal abschalten
S. 84

 Zeitreise in die Vergangen-
heit – **das Künstlerviertel
Santa Teresa**
S. 57

 In fremden Betten
S. 86

 Streifzug durch die besten
Samba-Bars – **ein Abend in
Lapa**
S. 61

 Satt & glücklich
S. 90

 Paris in Rio – **das Zentrum
zwischen Opern- und
Kaffeehaus**
S. 64

 Stöbern & entdecken
S. 98

 Wenn die Nacht beginnt
S. 104

 Paläste und Altstadtgassen –
**Rios historische Hafen-
gegend**
S. 68

Hin & weg
S. 110

O-Ton Rio de Janeiro
S. 114

 Kunst, Architektur und
herrliche Aussicht – **Niterói**
S. 72

Register
S. 115

Abbildungsnachweis/Impressum
S. 119

 Ausflug in die Nordzone –
**Maracanã und
São Cristóvão**
S. 75

Kennen Sie die?
S. 120

Das Beste zu Beginn

Unbekannter Markt in Humaitá
Rio hat viele Wochenmärkte, eine gute Wahl ist immer der Cobal Humaitá, ein weniger bekannter, schöner Markt, wo abends Barbetrieb hinzu kommt. In der Nähe gibt es noch weitere Nightlife-Möglichkeiten und Szenebars, zu denen Sie nach dem Cobal, wenn Sie in Stimmung gekommen sind, durchstarten können.

Der Sound zur Stadt
Rio ist Samba, Bossa Nova und das Girl from Ipanema. So viel ist klar. Aber Rio ist auch noch viel mehr. Wenn Sie Musik mögen, tauchen Sie ein in die Welt der MPB, und hören Sie zum Beispiel in die groovigen Songs von Seu Jorge rein, einem der faszinierendsten Musiker und Schauspieler des Landes.

Sich treiben lassen
Spazieren Sie einfach mal durch Ipanema, schlendern Sie zum Beispiel durch die Rua Barão da Torre und die angrenzenden Seitenstraßen. Sie werden auf schicke Modegeschäfte treffen, auf urige Straßenbars, Restaurants und Läden, in denen Fruchtsäfte gepresst werden. Gleiches gilt für viele Ecken in Copacabana. Das Schönste dabei: Überall ist es grün und hohe Bäume schützen vor der Sonne.

Die besten Sambaschuppen
Viele Besucher strömen in das Rio Scenarium, das zu Recht als Sehenswürdigkeit gilt. Gehen Sie aber auch in weniger bekannte Läden: Das Café Cultural Sacrilégio, ein authentischer Ort für Live-Samba, etwa ist noch nicht so überlaufen und serviert exzellentes Essen und gute Drinks.

After-Work-Party im Zentrum
Setzen Sie sich am Donnerstag oder Freitag ab 17 Uhr in eine der Straßenbars der Rua do Ouvidor, Ecke Travessa do Comércio, und beobachten Sie bei einem kalten Bier, wie sich die Bars langsam mit Leben füllen und die Stimmung immer besser wird.

VLT – Fahrt mit der neuen Straßenbahn

Fahren Sie ruhig die ganze Strecke vom Flughafen Santos Dumont bis zum Busbahnhof ab, es geht durch das Zentrum, die Altstadt und das sanierte Hafengebiet, vorbei an dem neuen Museu do Amanhã, den Riesen-Graffitis des Boulevard Olímpico, dem neuen Aquarium usw. Auch der Geldbeutel wird geschont, Kosten der kleinen Stadtrundfahrt: 3,80 R$.

Copacabana mal anders

Am Ende des kilometerlangen Strandes befindet sich eine Landzunge mit einer Festung, in der es zwei schöne Cafés gibt. Hier sitzen Sie sehr nett draußen bei Kaffee und Kuchen und genießen einen super Ausblick auf den ganzen Strand und das gleichnamige Viertel.

Rua Bolívar – Kneipen und Bars satt

Die brasilianische Metropole ist ebenfalls bekannt für ihre sehr lebendige Kneipenszene. In der Rua Bolívar in Copacabana, an der Ecke Rua Domingos Ferreira, liegt ein gutes halbes Dutzend Bars, in denen schon nachmittags der Bär steppt. Lassen Sie sich an einem der Außentische nieder und verfolgen Sie das bunte Treiben.

Raus aus den Touristenvierteln

In den Monaten vor Karneval können Sie samstagabends einen authentischen Vorgeschmack in den Sambaschulen Mangueira oder Salgueiro (beide ▶ S. 108) gewinnen. Stärken Sie sich auf dem Weg in der Zona Norte im urtypischen Aconchego Carioca (▶ S. 93) und probieren Sie dort die köstlichen Craft-Biere (cervejas artesanais).

Es muss nicht immer der Christus sein. Auf halbem Weg bzw. halber Höhe liegt der Aussichtspunkt Dona Marta. Es ist billiger, schneller, leerer und die Sicht ist fast ebenso schön – und da kann es schon mal sein, dass Sie uns treffen.

Fragen? Erfahrungen? Ideen?

Wir freuen uns auf Post.

Unser Postfach bei DuMont:
stockmann@dumontreise.de

Das ist Rio

Die heimliche Hauptstadt

Bis heute denkt jeder bei Brasilien gleich an Rio. Auch wenn die große Politik in Brasília und die Wirtschaft in São Paulo sitzt, ist Rio die heimliche Hauptstadt geblieben. Was sie so einzigartig macht, ist die vollkommene Harmonie der sich über Hügel, Wälder und Strände erstreckenden Landschaft. Zu Recht wird sie *Cidade maravilhosa* (»wundervolle Stadt«) genannt. Und bis heute gilt Stefan Zweigs berühmter Satz, es gäbe keine schönere Stadt auf Erden. Und inmitten dieser begnadeten Natur wuchs ein ganz spezielles Völkchen heran, die sog. *Cariocas*, die dem Rest der Welt vorleben, wie man trotz harter Arbeit und vieler Sorgen nie die gute Laune verliert.

Der Lebensstil der Cariocas

Cari-oca (»Haus des Weißen«) nannten die Indígenas das erste Steinhaus der Portugiesen am Strand von Flamengo. Und diese Bezeichnung ging bald auf die Einwohner der Stadt über und steht auch für einen bestimmten Lebensstil. Hier ist der spontane, direkte Kontakt zu den Mitmenschen wichtiger als die tägliche To-do-Liste oder Pünktlichkeit und Zuverlässigkeit. Man bleibt gern zu einem zeitvergessenen Schwätzchen stehen oder trinkt in der Eckkneipe in fröhlicher Runde ein Bierchen. Fremde werden offenen Herzens empfangen und einbezogen. Hier ist die Leichtigkeit des Seins Alltag, stets gespickt mit einer gehörigen Portion Selbstinszenierung und Humor.

Samba und Karneval

Zum leichten Leben gehört auch die Vernarrtheit in Musik und Tanz. Nicht umsonst ist Rio die Wiege des Samba, der hier 1917 kreiert wurde. 1928 entstand hier die erste Sambaschule, heute sind es schon mehr als 50. Während des Karnevals ziehen die Spitzengruppen zwei Nächte lang durch ein großes Stadion mit fast 80 000 Tribünenplätzen. Es ist die reine Pracht, aber auch ein Touristen- und Medienspektakel. Und so wurde der Straßenkarneval immer beliebter, eine große Sommerparty, die Rio fast flächendeckend in einen singenden und tanzenden Zaubergarten verwandelt.

Strandleben und Körperkult

Rio ist Strand. Doch für die Cariocas steht Baden nicht an erster Stelle, wichtiger ist, zu sehen und gesehen zu werden, zu plaudern, zu flirten und den Body zu bräunen. Bei den Damen muss noch der Farbkontrast zwischen den unter dem Bikini verborgenen Partien und dem restlichen Körper stimmen, und dunklere Körperhärchen sind mit Chemikalien aufzuhellen. Diese Prozeduren gehören ebenso zu den Strandritualen wie der perfekt gestylte Auftritt in Flipflops, einem um die Hüften geschwungenen Sarong *(canga)* und der stündliche Gang ins Wasser, um sich kurz abzukühlen. Aber Strand ist auch Sport, sei es Volley- oder Fußvolleyball, Jogging oder das Stählen der Muskeln im Open-Air-Fitnessstudio, denn Knack-Po, Sixpack und flacher Bauch sind in.

Tänzerinnen beim Karnevalsumzug im Sambadrom

König Fußball

Wenn eines alle Brasilianer ebenso zusammenhält wie teilt, ist es der Fußball. In jeder Männerrunde ist er Gesprächsthema Nr. 1. Jeder verteidigt seinen Lokalclub, sei es Flamengo, Botafogo, Vasco da Gama oder Fluminense,
die sich alle im berühmten Maracanã-Stadion begegnen. Doch der Ball rollt
an allen Ecken der Stadt, besonders in den ärmeren Vierteln. Ein Heer von
kleinen Jungen verbringt dort die meiste Freizeit dribbelnd und kickend und
träumt von der Karriere eines Ronaldo oder anderer Ballhelden.

Shopping und Mode

Cariocas sind ebenso eitel wie kauffreudig. Der Einkaufsbummel läuft
dem Strandvergnügen schon fast den Rang ab. Noch nie wurden so viele
Technik-, Kosmetik- und Modeartikel gekauft – allerdings stets auf Raten.
Die Hälfte der glitzernden Boutiquen offeriert bemerkenswerte Kreatio-
nen an schicken Damenschuhen und -taschen. Zahlreich sind auch die
Havaiana-Shops, die brasilianischen Flipflops sind ein ideales Mitbringsel.

Architektonisches Chaos

Eine Besonderheit von Rio, vor allem im Zentrum, ist das krasse Neben-
einander von alter und neuer Architektur. Dicht neben (post-)kolonialen
Fassaden ragen bis zu 40-stöckige Bürotürme aus Glas und Stahl in den
Himmel. Ein Blick in die Runde, sei es von der Praça Floriano, der Praça
15 de Novembro oder der Praça Mauá, ist wie eine Zeitreise durch diverse
Baustile und -epochen. Nur die Viertel am Meer, die erst im 20. Jh. besie-
delt wurden, wirken eher einförmig, aber dafür hat man ja den Strand.

Pazifizierte Favelas

Ein Rio-Porträt wäre nicht vollständig ohne die Favelas. Fast ein Viertel der
Bevölkerung lebt hier, überwiegend unter Kontrolle von Drogenbossen.
Einen Teil der Favelas hat die Stadt befrieden können und dort gibt es inzwi-
schen sogar schon Hostels und Tourismus. Besonders en vogue ist die kleine
Favela Vidigal, die am Wochenende Partys mit DJ veranstaltet, beliebt bei
Teens und Twens der benachbarten Reichenviertel wie bei Backpackern.

Rio de Janeiro in Zahlen

23,7
Grad Celsius ist die durch-
schnittliche Jahrestemperatur.

25
Prozent der Stadtfläche beste-
hen aus Wald und Grünflächen.

48
Volumenprozent darf der
Alkoholgehalt von Cachaça
maximal betragen, sonst muss
die brasilianische Spirituose
aus Zuckerrohrsaft als Aguar-
dente (Feuerwasser) bezeichnet
werden.

70
Sambaschulen und mehr nehmen am Karneval in Rio teil.
1916/17 wurde in Rio der
Samba geboren und 1928 die
erste Sambaschule gegründet.

87
Prozent des BIP werden mit
Dienstleistungen erwirtschaftet.

100
km² Strandfläche besitzt die
Stadt. Allein die Copacabana ist
rund 4 km lang.

106
Liter Bier trinken die Einwohner
Rios pro Jahr.

Stadtviertel gibt es in Rio de
Janeiro.

763
Favelas gibt es in Rio de Janeiro.

1021
Meter hoch ist Rios höchster
Berg, der Pico da Tijuca.

1145

Tonnen wiegt die Christusfigur auf dem Corcovado-Felsen.

Starts und Landungen werden täglich auf den Flughäfen Rios abgewickelt.

3000

m² bemalte Fläche besitzt die größte Graffiti-Wand der Welt namens »Etnias« an der Orla Conde im revitalisierten Hafengebiet.

3200

Hektar Atlantischen Regenwald weist das Stadtgebiet auf.

32 000

Taxis fahren Tag und Nacht durch Rio de Janeiro.

33 000

Hotelzimmer stehen für Übernachtungsgäste zur Verfügung.

6,5 MIO.
Einwohner leben in
Rio-City.

Was ist wo?

Wer mit dem Flugzeug am Aeroporto Internacional landet, wird zuerst die ärmeren Viertel von Rios **Zona Norte** (Nordzone, Karte 5, C 2) sehen. Erst nach einigen Kilometern auf der Stadtautobahn Linha Vermelha erscheinen in der Ferne der **Corcovado** mit der Christus-Statue und der **Zuckerhut**, die bekanntesten Landmarken der Stadt. Wer den Aeroporto Nacional Santos Dumont anfliegt oder mit dem Schiff in die Bucht von Guanabara einläuft, kommt direkt am Zuckerhut vorbei und gelangt schnell zu den besseren Vierteln der **Zona Sul** (Südzone, Karte 5, C/D 3).

Der Süden

Rios schönere **Südzone** liegt zum Teil am Westrand der Bucht von Guanabara (u. a. **Flamengo**, 🗺 E/F 5/6, **Botafogo**, 🗺 D–F 7/8) und zum Teil am offenen Meer. Die meisten Besucher wählen eine Unterkunft nahe dem Atlantik. Favorit ist die **Copacabana** (🗺 D–G 8–11) mit ihrem weltberühmten Strand, an dem man flanieren oder im recht sauberen Wasser baden kann. In den Nachbarvierteln **Ipanema** (🗺 B–E 10/11) und **Leblon** (🗺 A/B 9–11) wohnt Rios weiße Mittel- und Oberschicht, es gibt viele schicke Lokale und Geschäfte, die Praia de Ipanema gilt bei den Einheimischen als bester Strand der Stadt. Beide Stadtteile grenzen an der vom Meer abgewandten Seite an die **Lagoa Rodrigo de Freitas** (🗺 B/C 8–10), eine landschaftlich reizvoll gelegene Lagune. Ganz in der Nähe befinden sich weitere gute Wohnviertel (**Jardim Botânico**, **Gávea**, **Humaitá**), in denen neben dem berühmten **Botanischen Garten** auch etliche bei den Einheimischen beliebte Ausgehadressen angesiedelt sind. Die Viertel sind deutlich weniger touristisch, damit auch preiswerter und lassen sich auf sichere Weise erkunden.

Am Atlantik

Etwas außerhalb in südwestlicher Richtung liegen die Atlantikviertel **São Conrado**, das Eldorado der Drachen- und Gleitschirmflieger, und **Barra da Tijuca**, ein oft mit Miami verglichenes Neureichenwohngebiet mit Apartment-Hochhäusern und einem 12 km langen sauberen Strand. Diese Gegend ist auch als **Zona Oeste** (Westzone, 🗺 Karte 5, A/B 2–4) bekannt.

Rio von oben

Wer sich vergewissern will, warum diese Stadt oft als die schönste der Welt genannt wird, muss sie von oben gesehen haben. Ein Panoramablick aus der Vogelperspektive erschließt sich von der Aussichtsplattform des 709 m hohen **Corcovado**-Felsens (🗺 B/C 7), gekrönt von einer gewaltigen Christus-Statue. Hinauf geht es per Zahnradbahn oder über eine Serpentinenstraße, beide Wege führen durch einen Teil des **Nationalparks von Tijuca** (🗺 Karte 5, C 3). Versteckt sich die Spitze des Corcovado jedoch in den Wolken, steuern Sie den auf halber Strecke bzw. Höhe gelegenen Aussichtspunkt **Dona Marta** (🗺 D 6/7) an.

Zum 396 m hohen **Zuckerhut** (Pão de Açúcar, 🗺 G/H 7) im Stadtteil **Urca** geht es in zwei Etappen per Seilbahn hoch, schon die Fahrt in den seitlich transparenten Kabinen ist ein Erlebnis, von oben sehen Sie rechter Hand der Seilbahnstation die Copacabana und mit dem Blick nach links schweifend den Corcovado-Felsen, das Zentrum, die lange Brücke über die

Bucht von Guanabara und an deren Ende die Nachbarstadt Niterói.

Das Zentrum

Werktags wie am Samstagvormittag sehenswert ist die Gegend rund um das sogenannte **Cinelândia** ( E/F 3), ein weitläufiger Platz umgeben von prachtvollen Gebäuden, u. a. dem Theatro Municipal, der Biblioteca Nacional und dem Rathaus. In der Nähe treffen Sie auf die faszinierende Bibliothek Real Gabinete Português de Leitura. Am Weg befinden sich viele Läden, Geschäfte und Lokale, ins Auge fällt überall der architektonische Mix aus historischen und modernen Gebäuden, und nirgends sieht man am Tage so viele Menschen wie hier. Abends stirbt das Zentrum jedoch aus, lediglich in einigen Altstadtgassen, besonders am Ende der Rua do Ouvidor, geht es auf After-Work-Partys noch munter weiter.

Am Hafen

Die alte Hafengegend rund um die **Praça Mauá** ( E/F 1/2) wurde für die Olympischen Spiele aufpoliert und zu einem neuen Kultur- und Ausgehviertel umgestaltet (»Porto Maravilha« mit zwei neuen Topmuseen und einem Meerwasseraquarium).

Künstlerviertel

Unweit des Zentrums liegen zwei spannende Bohème-Viertel: **Lapa** ( E/F 3/4), ein historischer Stadtteil, der nach einer langen Phase des Verfalls revitalisiert wurde und heute in der Avenida Mem de Sá wie am Ende der Rua do Lavradio Rios lebendigste Nightlife-Meilen besitzt. In zahllosen Musiklokalen wird Samba oder Chorinho gespielt und getanzt. Am Tage lohnt sich ein Besuch jedoch weniger, da sollten Sie lieber per Tram ins Künstlerviertel **Santa Teresa** ( E/F 4) hochfahren. Früher wohnten hier vor allem die Kaffeebarone, heute finden sich in den etwas verfallenen Palästen diverse Kunstateliers, nette Restaurants und urige Bars. Zu Santa Teresa gehört auch die berühmte Fliesentreppe des chilenischen Künstlers Selarón.

Augenblicke

Am Strand von Arpoador ...

... zwischen Copacabana und Ipanema ist die Stimmung am Spätnachmittag am schönsten. Die höheren Wellen ziehen viele Surfer an und Sonnenanbeter kommen hier voll auf ihre Kosten. Im Hochsommer vollzieht sich der Sundowner direkt hinter den berühmten Zwillingsfelsen Dois Irmãos (Zwei Brüder); beim Abtauchen des Sonnenballs wird von der Landzunge des Arpoador-Felsens aus begeistert Beifall geklatscht. Die Dois Irmãos werden oft mit dem Zuckerhut verwechselt und sind schon das Wahrzeichen von Ipanema und Leblon. Es gibt jedenfalls kaum ein Strandfoto, auf dem die »Brüder« nicht mit ins Bild kommen.

Spektakuläres am Hafen

Keine Stadt der Welt hat in den letzten Jahren verfallene Teile ihres Zentrums so stark und schön saniert wie Rio de Janeiro. Und der spektakulärste Ausdruck dieser Revitalisierung ist das 2016 eröffnete Museu do Amanhã (Museum des Morgen) auf der Praca Mauá im Hafengebiet. Es stammt aus der Feder des spanischen Star-Architekten Santiago Calatrava und ist ein Muss für jeden Besucher. Das Gebäude in Form einer Bromelie oder eines Fischskeletts streckt sich Richtung Wasser, gibt der Hafengegend ein neues modernes Gesicht und ist am Wochenende ein wahrer Besuchermagnet.

Samba am Salzfelsen

Seit Jahrzehnten treffen sich jeden Montag- und Freitag-
abend bei der Pedra do Sal (Salzfelsen) Liebhaber des
Samba in ungezwungener Atmosphäre. In der Mitte spielt
eine Samba-Band zum Tanz auf, und man singt und trinkt
in fröhlicher Runde. Früher war hier ein Sklavenviertel und
einer der Ursprungsorte des Samba, der mit den Sklaven aus
Westafrika nach Rio kam. Heute erfindet sich das Viertel neu
und zieht immer mehr Gäste an, die sich früher kaum hierher
trauten.

Ihr Rio de Janeiro-Kompass

#2
Der Mythos lebt –
die Copacabana

#3
Boulevard der
Schönen und
Reichen – **am Strand
von Ipanema**

*Der berühmteste
Stadtstrand der Welt!*

NIRGENDWO SONST
WIRD SO VIEL SPORT
BETRIEBEN!

#1
Weltberühmtes
Wahrzeichen –
der Zuckerhut

Noch einen
CAIPIRINHA
genießen und
dann geht's
hoch hinaus

WOMIT FANGE ICH AN?

1:0

#15
Ausflug in die Nord-
zone – **Maracanã und
São Cristóvão**

*Fliegende
Untertasse
oder
Blume?*

DIE POLITISCHE SEITE

Kinoland

#14
Kunst, Architektur
und herrliche
Aussicht – **Niterói**

#13
Paläste und
Altstadtgassen –
**Rios historische
Hafengegend**

#12
Paris in Rio – **das
Zentrum zwischen
Opern- und
Kaffeehaus**

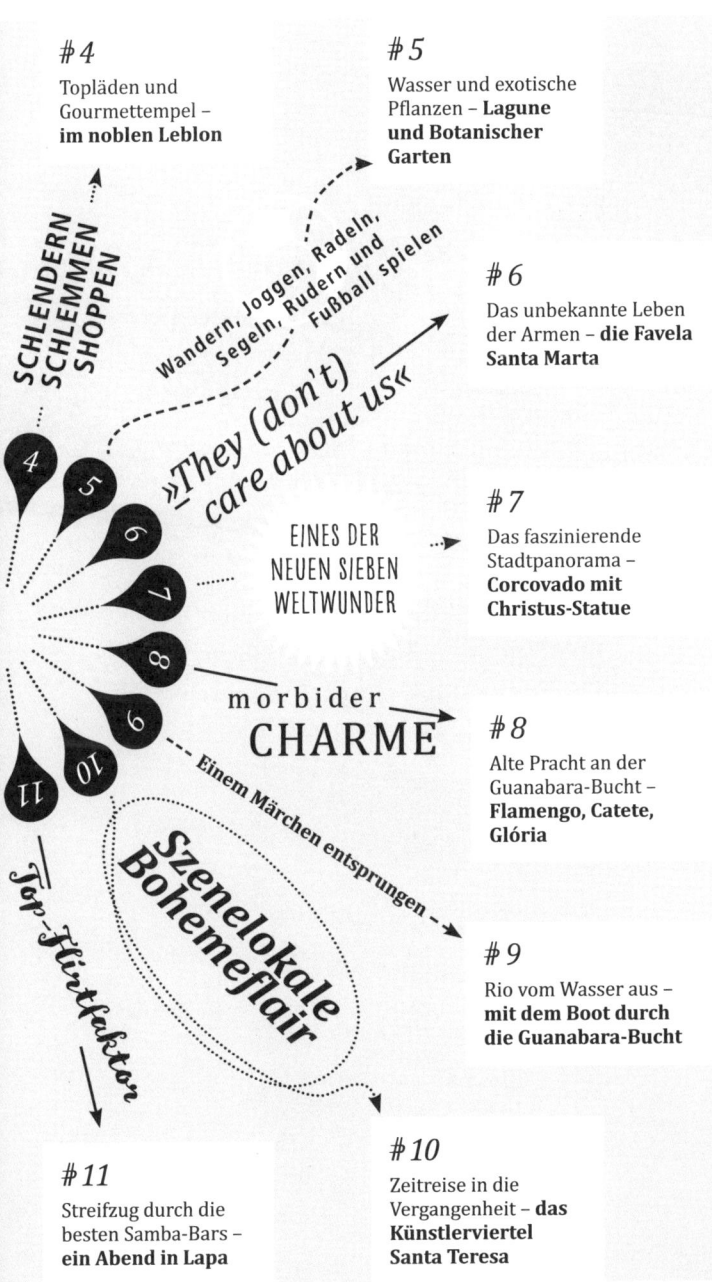

 # 4

Topläden und Gourmettempel – **im noblen Leblon**

 # 5

Wasser und exotische Pflanzen – **Lagune und Botanischer Garten**

SCHLENDERN SCHLEMMEN SHOPPEN

Wandern, Joggen, Radeln, Segeln, Rudern und Fußball spielen

»They (don't) care about us«

 # 6

Das unbekannte Leben der Armen – **die Favela Santa Marta**

EINES DER NEUEN SIEBEN WELTWUNDER

 # 7

Das faszinierende Stadtpanorama – **Corcovado mit Christus-Statue**

morbider CHARME

 # 8

Alte Pracht an der Guanabara-Bucht – **Flamengo, Catete, Glória**

Einem Märchen entsprungen

Szenelokale Bohemeflair

Top-Flirtfaktor

 # 9

Rio vom Wasser aus – **mit dem Boot durch die Guanabara-Bucht**

 # 11

Streifzug durch die besten Samba-Bars – **ein Abend in Lapa**

 # 10

Zeitreise in die Vergangenheit – **das Künstlerviertel Santa Teresa**

Weltberühmtes Wahrzeichen – **der Zuckerhut**

Nahe der Copacabana liegt der bekannteste Stadthügel der Welt: der Zuckerhut mit seiner unvergleichlichen Aussicht auf Rio und die Guanabara-Bucht. An seinem Fuße finden Sie idyllische Buchten, einen kleinen Wanderpfad durch den Regenwald, hübsche Villen sowie nette Bars und Restaurants.

Kunst aus Müll am Strand von Botafogo: Passanten und Touristen bewundern eine beleuchtete Installation aus PET-Flaschen vor der abendlichen Kulisse des Zuckerhuts.

Der Leuchtturm Rios

Schon den Kolonisatoren diente der Zuckerhut als wichtige Landmarke, befindet sich doch gleich neben ihm die einzige schiffbare Zufahrt in die Bucht von Guanabara, an der sich die Stadt entwickelte. Der ca. 570 Mio. Jahre alte Gneisfelsen wurde erst nach der Kontinentenspaltung aus tieferen Erdschichten hochgedrückt und erhielt den Namen **Pão**

de Açúcar (Zuckerbrot), weil seine konische Form Ähnlichkeit mit einem kegelförmigen Rohzuckerbehälter besitzt bzw. an den Kegel eines Zuckerhuts erinnert. Er liegt in dem erst 1921 gegründeten kleinen Stadtteil **Urca**, der als der sicherste von Rio gilt. Wegen der besonderen strategischen Lage sind hier mehrere Festungen und Marineschulen entstanden. Und so verwundert es auch nicht, dass an diesem privilegierten Ort eher reichere Bewohner in hübschen kleinen Villen leben.

Schon bei der Anfahrt sieht man an der rechten Seite der Avenida Pasteur mehrere historische Prachtbauten. Da ist zunächst das frühere Hospício Pedro II., Brasiliens erste psychiatrische Klinik (1852), in der heute die **Universidade Federal do Rio de Janeiro** `1` untergebracht ist. 200 m weiter folgt das 1854 als Blindenschule gegründete **Instituto Benjamin Constant** `2` mit seinen wuchtigen Säulen und der massigen Fassade, und kurz danach das neoklassizistische Gebäude der **Companhia de Pesquisa de Recursos Minerais** `3` mit einem geologischen Museum und großen Tierstatuen am Eingang.

Hinauf mit der Seilbahn

Die 1912/13 von der Kölner Firma Poligh Heckel konstruierte Seilbahn *(teleférico,* auch *bonde* oder *bondinho)* ist ein historisches Pionierprojekt, gab es doch damals erst zwei solche Anlagen auf der ganzen Welt. Seitdem sind ca. 35 Mio. Besucher hochgefahren, heute kommen mehr als 1 Mio. pro Jahr. In den mit Fenstern versehenen Kabinen haben jeweils 70 Passagiere Platz. Die beste Besuchszeit für Hobbyfotografen ist der frühe Vormittag (kein Gegenlicht), am reizvollsten jedoch der späte Nachmittag und der Sonnenuntergang.

Spätestens an der modernen **Talstation** `4` werden Sie bemerken, dass die Auffahrt in zwei Etappen erfolgt. Zunächst geht es zum 220 m hohen **Morro da Urca** `5` (Hügel von Urca). Sollte sich die Spitze des Zuckerhuts in einer nicht zu verrückenden Wolke verstecken (was häufiger vorkommt), muss man nicht traurig sein, denn schon von hier aus erschließt sich eine atemberaubende Aussicht. Beim Ausstieg rechts befinden sich eine kleine Aussichtsplattform, ein Aussichtsdeck *(Mirante)* und der Beginn eines

Bedenken Sie, dass vier Seilbahnfahrten mit teils längeren Wartezeiten anfallen. Besuchen Sie den Zuckerhut also nicht unter Zeitdruck – besonders in der Hauptsaison. Und heben Sie das Ticket bis zum Schluss auf!

#1 Zuckerhut

Kurz vor dem Gipfel des Zuckerhuts taucht die Gondel oft in ein Zuckerwattebällchen ein.

S SPAZIEREN

Auf neu angelegten Wegen ist es nun auch möglich, durch den üppigen Wald am Zuckerhut zu spazieren (Schilder »Bosque«). Gleich zu Beginn befindet sich der **Clássico Beach Club** ❷, bei dem schon so manche Wanderung ihr jähes Ende fand. Bei herrlicher Sicht und Loungemusik nippen Sie im Liegesessel an einer Caipi oder an kreativen Cocktails wie Açaí Mojito.

kurzen Wanderweges durchs Grüne *(Via Verde)*, der zur 2. Station führt. Nach links gehend sehen Sie einen Wagen der ersten Bahn (1912) sowie das zweite Modell von 1972, kurz dahinter befindet sich Rios wichtigster **Heliponto** ❶ (Hubschrauberlandeplatz), von wo aus spontane Rundflüge möglich sind. Zudem können Sie auf dieser Zwischenstation noch eine »Cocuruto« genannte, kleine Ausstellung besichtigen und sich dort einen 10-minütigen Dokumentarfilm über den Zuckerhut ansehen oder sich in der Bar **Abençoado** ❶ niederlassen und eine erstklassige Caipirinha genießen – ein perfekter Sundowner.

Die zweite Etappe der Seilbahn führt zum 396 m hohen **Pão de Açúcar** ❻. Von den drei Aussichtsplattformen rechts bietet sich der beste Blick auf die Copacabana und die Praia Vermelha, auch sind im Hintergrund die Felsen Dois Irmãos, der Tafelberg Pedra da Gávea sowie links im Meer die Cagarras-Inseln gut zu sehen. Von den beiden größeren Plattformen auf der linken Seite fällt der Blick auf den Corcovado und die unterhalb liegenden Stadtteile Botafogo und Flamengo sowie weiter rechts auf die Skyline des Zentrums, dann auf die lange Brücke über die Bucht von Guanabara und schließlich auf die gegenüber von Rio liegende Nachbarstadt Niterói – ein fantastischer weiter Rundblick!

Am roten Strand

Im Anschluss an den Zuckerhut sollten Sie noch nach rechts zur schönen **Praia Vermelha** ❼ gehen. Dieser weniger bekannte kleine Atlantikstrand hat seinen Namen von der leicht rötlichen Färbung des Sandes. Zum Baden ist er kaum geeignet, aber für Zuckerhut-Fotos gibt es keinen besseren Standort. Am rechten Strandende liegt der öffentlich zugängliche Clube Círculo Militar da Praia Vermelha. Durch eine dunkle

INFOS/ÖFFNUNGSZEITEN

Seilbahn zum Zuckerhut 4: Av. Pasteur 520, T 021 25 46 84 00, www. bondinho.com.br, tgl. 8–21 Uhr, Kassenschluss 19.50 Uhr, Abfahrt alle 20 Min., bei hohem Andrang häufiger, Eintritt 76 R\$ (50 % Rabatt bei Ausweisvorlage für Über-60-Jährige, 6–21-Jährige und Studenten; auch bei Zahlung mit Kreditkarte Ausweis vorlegen). Verkauf auch über Website.

Hubschrauberflüge 1: www. helisight.rio, tgl. 9 Uhr bis Sonnenuntergang, kürzester Flug 6 Min., 320 R\$ p. P., mind. 3–5 Pers.

Pista Claudio Coutinho 2: Wanderung hin und zurück 2,5 km, ca. 30–40 Min., tgl. 6–18 Uhr

KULINARISCHES FÜR ZWISCHENDRIN

Abençoado 1: T 021 22 75 89 25, So–Do 8.15–19.45, Fr, Sa 8.15–20.45 Uhr. Sehr gute Frucht-Caipirinhas (ab 20 R\$); der exzellente, in Rio hergestellte Cachaça (Magnífica) ist in Flaschen zu kaufen (36 R\$). Auch leckere *petiscos*, z. B. Pastel de Camarão (24 R\$/4 Stück.) und Mittagsteller wie Stroganoff de Filé (45 R\$).

Clássico Beach Club 2: tgl. 8–20 Uhr. Caipirinha 18 R\$, Cocktails um 37 R\$

Terra Brasilis 3: Praça Gen. Tibúrcio, T 021 22 75 46 51, tgl. 11.30–24 Uhr, brasilianische Küche (35–65 R\$), ab 18 Uhr auch Pizza (33–45 R\$). Innen Self Service (55–62 R\$/kg, Mo–Fr 11.30–15.30, Sa, So 12–16 Uhr).

Bar Urca 4: Rua Cândido Gaffrée 205, www.barurca.com.br, Mo–Sa 8–23, So 8–20 Uhr (Restaurant ab 11.30 Uhr)

Glastür gelangen Sie zu **Terra Brasilis** 3, einem Open-Air-Restaurant mit schönem Blick auf Praia Vermelha und Zuckerhut.

An der Guanabara-Bucht

Urca ist das einzige Viertel in Rio, das wie eine Landzunge sowohl am Atlantik als auch an der

Bucht von Guanabara liegt. Vom Zuckerhut aus können Sie an einer schönen Promenade in 25 Minuten bis an die Spitze der Halbinsel laufen. Von der Praia Vermelha aus geht es über den Platz zurück, vorbei an der Escola de Guerra Naval (»Schule für Schiffskriege«), und dann die erste Straße rechts durch die schattige Rua Ramon Franco bis zur Promenade der Avenida Portugal. Dort sehen Sie Rios wichtigsten **Jachthafen** `8`.

Promenadenweg

Rechts herum folgt einer der schönsten Spazierpfade der Stadt, Sie kommen vorbei an hübschen Villen und bei Hausnummer 772 an der kleinen **Igreja N. S. do Brasil** `9` mit blau-weiß gekachelter Azulejo-Fassade. Nach 15 Minuten führt der Weg an der Praia da Urca durch das frühere **Kasino** `10`, nach dem Spielverbot 1946 beherbergte es von 1951 bis 1980 Brasiliens erste Fernsehstation TV Tupi, aktuell residiert hier eine Designhochschule (mit Café).

Einen weiteren Kilometer die Promenade hinauf stoßen Sie auf die **Bar Urca** `4`. Das Kaimäuerchen davor hat sich zu einem beliebten Treffpunkt entwickelt, ab dem späten Nachmittag und besonders am Wochenende wird es hier voll, Getränke und Snacks holen Sie sich an der Bar. Richtige Mahlzeiten werden im Obergeschoss des Lokals serviert, von dort ist der Blick auf die Bucht sogar noch schöner.

Die Straße geht noch 100 m weiter bis zum **Fortaleza de São João** `11`, hier wurde 1565 von dem portugiesischen Feldherrn Estácio de Sá der Ort São Sebastião do Rio de Janeiro gegründet (keine Besichtigung möglich), 100 m weiter halten die Busse 581, 582.

In der Nähe des Zuckerhuts liegt das **Rio Sul Shopping Center** `i`, das zweitgrößte der Stadt mit 400 Geschäften, sechs Kinosälen und zwei Restaurantmeilen. Von der Seilbahnstation aus ist es in 20 Minuten durch ein ruhiges Wohngebiet über die Rua Doutor Xavier Sigaud und Rua Lauro Müller erreichbar (www.riosul. com.br, Mo–Sa 10–22, So/Fei Läden 15–21 Uhr, Restaurants 12–21 Uhr). Busse nach Copacabana halten an der anderen Straßenseite. Vor dem Shopping Centre fährt Bus 513 nach Santa Marta (▶ S. 42).

→ **UM DIE ECKE**

Am Ende des Strands Praia Vermelha beginnt der gern als Joggingstrecke genutzte Wanderweg **Pista Claudio Coutinho** `2`. Der einfach zu begehende, asphaltierte Weg schlängelt sich reizvoll um den Morro da Urca und noch ein Stück um den Zuckerhut herum und bietet einige prächtige Ausblicke. Infotafeln geben Details zum 91,5 ha großen Naturschutzgebiet **Monumento Natural dos Morros do Pão de Açúcar e da Urca**.

Der Mythos lebt –
die Copacabana

Riobesucher zieht es schnell an die Copacabana, um den berühmtesten Stadtstrand der Welt zu sehen. Er ist nicht nur ein Symbol Rios, sondern ganz Brasiliens. Hier bieten sich herrliche Ausblicke über die ganze Bucht. Ein Spaziergang auf der kilometerlangen Promenade ist auch ein Streifzug durch eine glorreiche Geschichte, die 1923 mit der Eröffnung des Copacabana Palace Hotels begann und bis heute ihren Glamour bewahrt hat.

Lange Zeit war die Copacabana unbesiedelt und schwer oder nur per Boot zu erreichen, bis 1892 vom Stadtteil Botafogo aus ein Verbindungstunnel gebaut wurde und die Straßenbahn erste Wochenendausflügler vom Zentrum bis ans Meer brachte. Doch nur wenige wollten damals ihr Domizil hierher verlegen, der große Ansturm begann erst in den 1940er-Jahren. Viele schöne Villen entstanden, das gesellschaftliche und kulturelle Leben blühte auf, in den Bossa-Nova-Lokalen spielten die bedeutendsten Musiker des Landes. Auch für die Konsumwelt wurde das Viertel Trendsetter: 1952

Kokosnüsse sehen hier anders aus, der Saft ist erfrischend und reinigt den Magen vor der nächsten Caipirinha.

Blick auf die Copacabana von oben, mit breitem Sandstrand und dem berühmten wellenförmigen Muster der Promenade

Per Bike über die Promenade: Wer gerne radelt, kann sich bei **Rio Electric** ❶ (Rua Ronald de Carvalho 21, www.rioelectric.com.br, tgl. 10–21 Uhr, 30 R$/Std., 85 R$/Tag, Elektroräder 50 R$/Std., 70 R$/2 Std.) ein Fahrrad ausleihen. Auch Roller Blades und Elektroskateboards sind erhältlich. Besonders schön am Sonntag, wenn die Strandseite der Avenida Atlântica autofrei ist.

eröffnete das erste Fast-Food-Lokal Brasiliens und 1955 der erste Supermarkt.

In den 1970er-Jahren setzte ein Prozess der sozialen Umstrukturierung ein. Die Reichen oder deren Kinder zogen nach Ipanema um und die meisten der schönen alten Villen wurden durch billige Hochbauten ersetzt. Immer mehr bestimmte die untere Mittelschicht den Charakter des Viertels, in den 1980er-Jahren führte eine allgemeine Wirtschaftskrise zu einem drastischen Anstieg der Kriminalität. Seit den 1990er-Jahren erholte sich das Viertel, die historische Architektur ist zwar kaum noch vorhanden, aber die Copacabana ist nun sicherer und sauberer geworden. In einem der am dichtesten besiedelten Areale der Welt wohnen heute ca. 150 000 Menschen aller sozialen Schichten und Hautfarben, ein Drittel davon Rentner. Die meisten Touristen wählen hier ihr Hotel, das Angebot ist groß, auch gibt es an der Avenida Atlântica und besonders in den Seitenstraßen viele nette Bars und Restaurants.

Tolle Aussicht in Leme

Der Promenadengang beginnt in Leme, dem kleinen Nachbarviertel der »Copa«. Ein schöner Aussichtspunkt liegt an einem Anglerpfad *(Caminho dos Pescadores)* am Fuße des Felsens **Morro do Leme** ❶, von dort überblicken Sie die ganze Bucht und den Corcovado. Zurück auf der Promenade liegt gleich am Anfang die Strandbar **Quiosque Chopp Brahma** ❶, von der aus sich besonders schöne Sonnenuntergänge bewundern lassen.

Nach 50 m fallen auf der rechten Seite die bunten Fahnen der Churrascaria **Marius Degustare** ❷ auf. Es ist eine der ausgefallensten der Stadt, aber auch die teuerste und touristischste. Einen Blick wert ist zumindest die an eine Piratenhöhle erinnernde Deko. Wer einen Eindruck eines typischen Wohngebiets der Südzone von Rio bekommen möchte, kann hier ein Stück durch die parallele **Rua Gustavo Sampaio** schlendern. In der schattigen, grünen Straße liegen viele kleine Bars, Restaurants und Geschäfte.

Flanieren an der Copacabana

Nach 1 km geht die Praia do Leme in die 3,2 km lange **Praia de Copacabana** über. Hier sind an jedem Sonntag der Woche Badegäste anzutreffen, dennoch ist sie wegen des breiten Sandstreifens selten überfüllt. Das Wasser ist recht sauber, nur höhere Wellen und stärkere Strömungen

INFOS/ÖFFNUNGSZEITEN

Info-Kiosk: Strandpromenade Höhe Rua Hilário de Gouveia, T 021 20 88 00 70, tgl. 8–21 Uhr

Museu Histórico do Exército e Forte de Copacabana **8**: Av. Atlântica, Posto 6, www.fortedecopacabana. com, Ausstellungen Di–So 10–18 Uhr, Außenanlagen Di–So 10–19.30 Uhr, 6 R$, erm. 3 R$

KULINARISCHES FÜR ZWISCHENDRIN

Marius Degustare **2**: Av. Atlântica 290, www.marius.com.br, tgl. 12–23 Uhr, Churrasco 150 R$ p. P. (inkl. Nachtisch), Caipi ab 35 R$

Carretão Lido **3**: Rua Ronald de Carvalho 55 A, www.carretao.com.br, tgl. 12–24 Uhr, 84 R$ p. P., Nachtisch und Getränke extra

Confeitaria Colombo **4**: T 021 32 01 40 49, www.confeitariacolombo. com.br, Di–So 10–20 Uhr, Zugang übers Festungsgelände. Bei großem Andrang Warteliste für Außentische, Di–Fr Reservierung über colombo@confeitaria colombo.com.br möglich. Kuchen und Torten 10–13 R$, Cappuccino 10 R$.

Café 18 do Forte **5**: T 021 25 23 01 71, Di–So 10–20 Uhr

Temporada **6**: ▶ S. 94

WENN DIE NACHT BEGINNT

Devassa **1**: ▶ S. 106
Belmonte **2**: ▶ S. 106
Boteco da Garrafa **3**:
Rua Bolívar 27, Mo–Do 17–1, Fr 17–3, Sa 15–3, So 12–1 Uhr

mahnen zur Vorsicht. Auf dem Weg fallen die wellenförmig angeordneten portugiesischen Pflastersteine ins Auge, das berühmte Muster geht zurück auf den halb deutschstämmigen Landschaftsarchitekten Roberto Burle Marx.

Rechts taucht die **Praça do Lido** **2** auf, ein kleiner Park, neben dem sich die Churrascaria **Carretão Lido** **3** befindet. Vor dem Park starten seit einiger Zeit die Vans zum Corcovado (▶ S. 46). Kurz darauf treffen Sie auf den neoklassizistischen Prachtbau des Grandhotels **Copacabana Palace** **3**. Es trug viel zum Copacabana-Mythos bei, wohnten doch hier von 1923 bis heute viele Prominente, welche die »Prinzessin des Meeres«, wie das Viertel auch genannt wird, weltberühmt machten. An der Promenade reiht sich nun eine Strandbar an die andere und am Wochenende gibt's abends oft Livemusik.

Auf dem letzten Drittel des Wegs erscheint das futuristische **Museu da Imagem e do Som** **4** (Bild-Ton-Museum), das nach seiner geplanten Fertigstellung 2017 das meistbesuchte Museum Brasiliens werden soll. Alles von Bossa Nova bis Samba und nationale Filmklassiker werden hier zu hören bzw. zu sehen sein. Eine Panoramaterrasse mit Glasfront und Blick auf die Copacabana, das Meer und den Zuckerhut soll ein weiterer Anziehungspunkt werden. Ein kleines Stück weiter ist ein Haus mit zwei gerundeten Fassaden zu sehen, das **Edifício Ypiranga**. Im obersten Stockwerk befand sich das **Büro von Oscar Niemeyer** **5**, dem berühmten Architekten der Hauptstadt Brasília, der hier bis kurz vor seinem Tod mit 104 Jahren (2012) noch an zahlreichen Projekten arbeitete.

Am Ende des Strandes begegnen Sie den Denkmälern zweier großer Persönlichkeiten: dem auf einer Bank sinnierenden Dichter **Carlos Drummond de Andrade** **6** und etwas weiter dem fröhlich grüßenden Komponisten **Dorival Caymmi**, eine der größten Musikikonen Brasiliens. Zuletzt taucht eine **Fischerkolonie** **7** *(Colônia dos Pescadores)* mit kleinem Fischmarkt auf, fast jeder schießt hier ein paar Fotos von den bunten Booten mit Strand und Zuckerhut im Hintergrund.

Forte de Copacabana und Arpoador

An der näher bei Arpoador und Ipanema gelegenen Strandseite befindet sich auf einer Landzun-

Gegenüber dem Museu da Imagen e do Som findet jeden Abend ab 18 Uhr ein offener **Kunsthandwerksmarkt** *(Feira de Artesanato,* ▶ S. 99) statt.

ge das noch immer vom Militär genutzte **Forte de Copacabana** 8 (1914). Vorher stand dort eine Kapelle mit einer vom Titicacasee stammenden Statue der Heiligen Nossa Senhora de Copacabana, Schutzpatronin der Seefahrer und Namensgeberin des Stadtteils. In den katakombenartigen früheren Unterkünften der Soldaten sind in drei Sälen militärische Geräte, Kanonen, Bilder und Fotos aus Kolonialzeit, Kaiserreich, Republik und der Entstehungszeit der Festung (1908–14) zu sehen. An der Spitze der Landzunge können Sie einen Felsen besteigen, von dem eine enorme Kanone auf die Copacabana zielt.

Auf dem Festungsgelände gibt es zudem eine Filiale des berühmten Kaffeehauses **Confeitaria Colombo** 4, von den Tischen im Freien bietet sich ein einzigartiger Seitenblick auf die Copacabana und den Zuckerhut. Dahinter liegt noch das kleinere **Café 18 do Forte** 5, das denselben prächtigen Ausblick bietet, und wo sich vielleicht noch einen freier Tisch finden lässt, wenn der Andrang im Colombo mal wieder zu groß ist. Der Besuch des Forts kostet auch dann Eintritt, wenn man nur ins Café möchte. Das gepflegte Gelände lohnt aber den Beitrag.

Anschließend können Sie noch ein Stück weiter bis **Arpoador** gehen, ein kleines und sehr reizvolles, zwischen Copacabana und Ipanema gelegenes Viertel. Der Weg führt durch die letzte Straße der Copacabana, die Rua Francisco Otaviano, in der es etliche Geschäfte für Surfmode und -zubehör gibt.

Kurz nach den Läden gehen Sie links durch den **Parque Garota de Ipanema** 9 und gelangen so auf kürzestem Wege zum Felsen von Arpoador, den Sie auch besteigen können. Ein Stück an der Promenade entlang folgt das Restaurant **Temporada** 6, ein beliebter Treffpunkt und vor allem zum Sonnenuntergang idealer Abschluss der Wanderung.

Sandburgen gibt es hier viele, doch diese zeigt noch die legendären weiblichen Rückenansichten, die auf Postkarten nicht mehr erlaubt sind.

Laut World Travel Guide ist **Reveillon** das beste Silvesterfest der Welt: Am Strand der Copacabana versammeln sich am 31. Dezember rund 2 Mio. Menschen, zu Ehren der Meeresgöttin Yemanjá sind viele in Weiß gekleidet. Ab dem späten Nachmittag finden afro-brasilianische Candomblé-Rituale statt, bei denen Blumen ins Meer geworfen werden. Vor und nach dem mitternächtlichen Feuerwerk heizen auf mehreren Bühnen Musikbands ein.

> → **UM DIE ECKE**

Zwischen Rua Constante Ramos und Rua Miguel Lemos liegt der interessanteste Ausgehbezirk Copacabanas, der sogenannte **Baixo Copa**. Dort locken viele belebte Bars Publikum an, z. B. **Devassa** 1, **Belmonte** 2 oder **Boteco da Garrafa** 3.

3

Boulevard der Schönen und Reichen – **am Strand von Ipanema**

Für die Bewohner von Rio gilt Ipanema als der schönste und feinste Strand der Stadt. Hier flanierte früher das »Girl from Ipanema« entlang, heute treffen sich gern Gays oder Studenten. Im Viertel befinden sich viele schicke Bars, Cafés, Restaurants, Boutiquen sowie die Edelsteinmuseen von H. Stern und Amsterdam Sauer.

Ipanema am Spätnachmittag besitzt einen magischen Zauber – und über allem thront der Zwillingsfelsen Dois Irmãos.

Die Strandstraße von Ipanema, **Avenida Vieira Souto**, gilt zusammen mit der von Leblon als die beste Adresse der Stadt. Der Unterschied zur Copacabana ist gleich an den moderneren und stärker vergitterten Apartmenthäusern zu erkennen. Davor liegt Rios beliebtester Strand, zumindest aus Sicht der wohlhabenden Cariocas. Von der felsigen Landzunge **Pedra do Arpoador** 1 genießt man einen weiten Blick über die Bucht bis hin zum Zwillingsfelsen Dois Irmãos. Das Panorama ist durchaus erhaben, »World Travel Award« hat die Praia de Ipanema gar zum besten Strand des ganzen Kontinents gekürt.

Gleich am Anfang der Promenade begegnen Sie einem unscheinbaren Mann mit geschulterter Gitarre – die Statue ist **Tom Jobim** gewidmet, dem wohl größten Musikgenie des Landes, der den Stadtteil musikalisch verewigt und in der Welt bekannt gemacht hat. »A Garota de Ipanema« war die Hommage des Künstlers an seine Heimat, die Stadt bedankte sich (neben der Benennung des Flughafens) mit diesem Denkmal. Wo sonst sollte es auch stehen?

Direkt an der Strandstraße gibt es kaum Restaurants, nur Strandkioske und die schöne **Bar Astor** ❶. Ein Stückchen hinter dem Rettungsposten **Posto 8** 2, etwa auf der Höhe der Rua Farme de Amoedo, trifft sich Rios große Gay-Gemeinde, die wehenden Regenbogenfahnen weisen schon von Weitem darauf hin. Viele sind Ausländer, hat sich doch die Stadt zum besten Gay-Reiseziel der Welt entwickelt. Einen Kilometer weiter versammelt sich um den **Posto 9** 3 die studentische Jugend, es ist der belebteste Strandabschnitt der ganzen Stadt, über dem auch schon mal ein leichter Marihuana-Duft weht. Ende der 1960er-Jahre blühte hier trotz strenger Militärdiktatur die Hippie-Kultur auf, mit der sich auch die Bikinimode durchgesetzt hat. Bis heute sieht man hier noch die aufregenden Körperformen, für die Rio berühmt geworden ist. Und nirgendwo sonst wird so viel Sport betrieben, sei es Volley- oder Fußvolleyball, Joggen oder Surfen.

Fast beim Posto 9 bietet sich im **Quase Nove** ❶, einem der traditionellsten Strandkioske der Stadt, eine erste Rast an. Einmal im Monat finden hier ab 17 Uhr Live-Jamsessions statt (Bossa Nova, Samba und MPB) – eine persönliche Widmung von Bossa-Nova-Legende Tom Jobim hängt vorne am Kiosk.

Hinein ins Shopping-Paradies

Um das Strandflair von Ipanema noch etwas auszukosten, können Sie die Promenade bis zur **Rua Garcia d'Ávila** 🔒 weiterlaufen und dann in diese noble Shoppingstraße einbiegen. Nur zwei Blocks

VORSICHT!

Die Brandung ist oft sehr kräftig, beim Baden sollten Sie entsprechend vorsichtig sein, nicht umsonst bedeutet »Ipanema« in der Sprache der Tupi-Indios so viel wie »gefährliche« oder »trügerische Wasser«.

Eine Statue zeugt von der Geburt des Bossa Nova, der hier in Ipanema entstand.

vom Strand entfernt kreuzt die **Rua Visconde de Pirajá** 🅵, Ipanemas wichtigste Einkaufsmeile. Hier befinden sich Boutiquen und Nobelgalerien, aber auch einfachere Einkaufspassagen. Außerdem residieren hier die wichtigsten Juweliere Rios: Zum Geschäftshaus von **H. Stern** 🅵 gibt es von den meisten Hotels aus Gratistransfers ohne Kaufverpflichtung, bei Ankunft werden Gäste oft sogar in deutscher Sprache empfangen und durch die Werk- und Verkaufsräume geführt. Gleich nebenan befindet sich die Konkurrenz **Amsterdam Sauer** 🅵 mit einem interessanten Edelsteinmuseum, unter anderem ist hier der größte auf Erden gefundene Alexandrit (122 400 Karat, 24,48 kg) zu sehen.

Die umliegenden, von Bäumen gesäumten schönen Straßen (zwischen Rua Visconde de Pirajá, Rua Anibal de Mendonça und Rua Nascimento da Silva) bergen die elegantesten Geschäfte von Rio, nette Straßencafés wie das **Alessandro & Frederico Café** ❷ und tolle Restaurants wie das **Via Sete** ❸.

Auf den Spuren des Bossa Nova

Was wäre Ipanema ohne den Bossa Nova? In der Rua Vinícius de Moraes Nr. 129 kommen Sie ihm so nah wie nirgends sonst. **Toca do Vinícius** 🅵 ist das bestsortierte Geschäft für alles rund um diesen Musikstil. Auf der anderen Seite der Avenida Visconde de Pirajá gelangen Sie an der Ecke zur Rua Prudente de Moraes zur nächsten Bossa-Nova-Ikone, der Bar **Garota de Ipanema** ❹ (Mädchen von Ipanema). 1963 hieß sie noch Veloso, bis ein dort vorbeikommendes Mädchen die Stammgäste Vinícius de Moraes und Antônio Carlos »Tom« Jobim zur Komposition von Brasiliens größtem internationalen Musikerfolg inspirierte. Der Song

Cityplan: B–E 10/11 | **Metro:** Ipanema/General Osório

INFOS/ÖFFNUNGSZEITEN

H. Stern 🅢: Rua Garcia d'Ávila 113, T 021 21 06 00 00, www.hstern.com, Mo–Fr 9–18, Sa 9–13 Uhr. Lateinamerikas größter Juwelier (vor über 60 Jahren vom deutschstämmigen Hans Stern gegründet) verkauft seltene brasilianische Edelsteine, z. B. die blau-grünen Turmaline oder Imperialtopase aus der letzten Mine der Welt in Minas Gerais. Gratis Zwölf-Minuten-Tour mit Audioprogramm durchs hauseigene Museum.

Amsterdam Sauer 🔟: Rua Garcia d'Ávila 105, T 021 25 12 98 78, www.amsterdamsauer.com, Mo–Fr 10–19, Sa 10–16 Uhr. Nachbar von H. Stern, v. a. für seine schönen Smaragde bekannt.

Toca do Vinícius 🅢: ▶ S. 99

KULINARISCHES FÜR ZWISCHENDRIN

Quase Nove ❶: Mo–Do 8–23, Fr–So 8–1 Uhr, im Sommer länger. Leckere Salgados (7 R$), Escondidinho de Carne Seca (30 R$), Frucht-Caipis (ab 12 R$) und *chope* (400 ml) für 7 R$.

Alessandro & Frederico Café ❷: Rua Garcia d'Ávila 134, www.alessandroefrederico.com.br, tgl. 8–1 Uhr. Nette Außenterrasse, Frühstück ab 8 Uhr, mittags Executive-Menü (ca. 43 R$), am Abend romantisch mit Gaslämpchen auf den Tischen (Pizzeria des gleichen Hauses in Nr. 151, tgl. 12–1 Uhr).

Via Sete ❸: ▶ S. 94

Garota de Ipanema ❹: Rua Vinicius de Moraes 49, T 021 25 22 03 40, tgl. 12–1 Uhr. Leider ist das Restaurant inzwischen recht touristisch. Für einen Drink ist es okay, essen sollten Sie jedoch anderswo.

WENN DIE NACHT BEGINNT

Bar Astor ❶: Av. Vieira Souto 110, T 021 25 23 00 85, www.barastor.com.br, Mo–Do 18–2, Fr 13–3, Sa 12–3, So 12–22 Uhr, Cocktails 30–40 R$, Caipirinhas ab 22 R$, Snacks und Gerichte ab 35 R$. Bar im Retro-Chic, nett ist auch die Terrasse mit Blick aufs Meer, gemischtes Publikum.

»The Girl from Ipanema« machte den Bossa-Nova-Stil schlagartig weltberühmt. Erst seitdem kennen viele Ausländer neben der Copacabana auch den Namen Ipanema und besuchen gern die mit alten Fotos, Instrumenten und Musiknoten geschmückte Bar.

Topläden und Gourmettempel – **im noblen Leblon**

Bei einem Besuch in Leblon erwartet Sie ein ebenso bunter wie exklusiver Programmreigen. Spazieren Sie über die Strandpromenade, an noblen Geschäften und zwei der feinsten Shoppingzentren vorbei sowie durch Rios angesagte Gastronomie- und Barmeile.

Die Bar und das Restaurant Jobi sind alte Tradition in Leblon, seit 60 Jahren besticht die ungezwungene Atmosphäre.

Das Viertel Leblon grenzt direkt an Ipanema, es beginnt hinter dem Jardim de Alah, einem kleinen Park mit einem Stichgraben vom Meer zur Lagoa Rodrigo de Freitas. Der Strand von Ipanema geht in die 1,3 km lange **Praia do Leblon** über, die bis dicht an den Zwillingsfelsen **Dois Irmãos** reicht. Mit diesem wunderbaren Panorama im Blick genießen Sie einen weiteren Topstrand von Rio. Der Strand von Leblon steht den berühmten Nachbarn Ipanema und Copacabana in nichts nach, nur ist er weniger voll. Auch hier begegnen Ihnen Jogger, Walker, Radfahrer und Sie können Strandvolleyballer beim Training beobachten – Rio macht Lust auf Bewegung.

In Leblon gibt es nur wenige Hotels, die einzigen am Strand liegenden sind das Hotel Marina Palace und Marina All Suites, beide bieten reizende Bars und Restaurants. Vom Mainstream der üblichen Strandhütten weicht der Kiosk **Mãe Terra ❶** ab: Hier versammeln sich auf einem netten Holzdeck gerne Frauen und junge Mütter, selbst ein Wickeltisch ist vorhanden, daher auch der scherzhafte Beiname »Baixo Bebê« (etwa: »angesagter Babytreff«).

Am Ende der Promenade steht der verdenkmalte Journalist **Zózimo Barrozo** und blickt versonnen aufs Meer. Davor schlängelt sich nach links die Avenida Niemeyer, nach wenigen Metern gelangen Sie zum Aussichtspunkt **Mirante do Leblon ❶**, erkennbar an zwei kleinen Bars im Freien. Von oben bietet sich ein weiter Blick über die Strände von Leblon und Ipanema bis zum Felsen von Arpoador, weit hinter den Häuserblocks erhebt sich majestätisch der Corcovado mit der Christus-Statue. Von unten schlagen die Wellen auf gewaltige Felsen, die Gischt spritzt manchmal bis zum Steg des Aussichtspunktes hinauf. Wegen der kräftigen Brandung sind an diesem Meeresabschnitt *(Pontão do Leblon)* oft Surfer anzutreffen. Ein weiteres imposantes Panorama bietet sich auf der anderen Seite des Holzstegs, wo der Blick auf das Sheraton-Hochhaus sowie auf die sich dahinter an den Hang schmiegende Favela Vidigal fällt.

Vorbei am Mirante do Leblon führt auch der breite Radweg, der auf spektakulärer Strecke am Meer entlang bis in die Westzone von Rio führt (nach Unfall jedoch bis auf Weiteres gesperrt).

Abseits des Strandes

Auf dem Rückweg geht es ein Stück auf dem Promenadenweg der Avenida Delfim Moreira entlang, sie ist eine der besten Adressen der Stadt. Ab 1878 war dieser Strandabschnitt noch ein Refugium für entflohene Sklaven *(quilombo)*, heute wohnt hier die weiße Oberschicht: Nirgendwo sonst in Brasilien ist der Reichen- und Prominentenanteil so hoch.

Über die Avenida Bartolomeu Mitre geht es dann vom Strand weg, vorbei an der **Praça Antero de Quental ❷**, wo zu den Olympischen Spielen 2016 Leblons erste Metro-Station entstanden ist, und links in die **Avenida Ataulfo de Paiva ❶**, einem weiteren exklusiven Einkaufsboulevard. Nach kurzer Zeit erreichen Sie auf der rechten Seite **Talho Capixaba** ❷, ein Delikatessenparadies mit eigener Bäckerei.

Beste Gastromeile der Stadt

An der sechsten Kreuzung biegen Sie rechts in die **Rua Dias Ferreira**, eine der besten Gourmetmeilen Südamerikas. Dicht beieinander liegen hier mehr als 30 Bars und Restaurants, nirgendwo sonst finden sich in Rio so viele und gute Optionen auf so engem Raum. Am besten schlendern Sie hier einfach entlang und lassen sich überraschen. Besonders zu empfehlen sind die hübsche Eisdiele **Momo** ❸, das Salatlokal **Celeiro** ❹, das Grillrestaurant **Brigite's** ❺, der preisgekrönte Japaner **Sushi Leblon** ❻ und das thailändische **Sawasdee Bistrô** ❼.

Mode und Shoppingtempel

Gleich neben dem schönen Buchladen **Livraria Argumento** ② kommen Modefans bei Hausnummer **417** ③ auf ihre Kosten: **Patrícia Viera** (Lederwaren), **Gilda Midani** (Batik) und weitere international bekannte Designer verkaufen hier auf mehreren Etagen ihre Stücke. Interessant ist auch ein Gang durch die große Markthalle **Cobal Leblon** ④. Man schlendert durch Verkaufsstände für Obst, Gemüse, Käse, Blumen usw. und isst im Anschluss ein Stück Kuchen bei **Torta & Cia** ❽.

Wer noch tiefer ins Shoppingerlebnis eintauchen möchte, kann bis zum Ende der Rua Humberto de Campos zu zwei der edelsten Einkaufszentren von Rio spazieren. Das **Shopping Leblon** ⑤ gefällt durch sein in Weiß gehaltenes Innendesign und den gläsernen Panorama-Fahrstuhl. Direkt gegenüber liegt das nicht minder schicke **Rio Design Leblon** ⑥.

→ UM DIE ECKE

An der Kreuzung Rua Dias Ferreira/Avenida Bartolomeu Mitre beginnt das sogenannte **Baixo Dias Ferreira**, der In-Spot des Viertels. Hier liegen angesagte Bars und Kneipen, beginnend mit **Chico & Alaíde** ✸. Auf der anderen Straßenseite, in der Rua Conde de Bernadotte, befinden sich in der Ladengalerie Terrasse Centre eine Reihe weiterer stets belebter Straßenbars, u. a. die **Academia da Cachaça** ✸ und **Desacato** ✸.

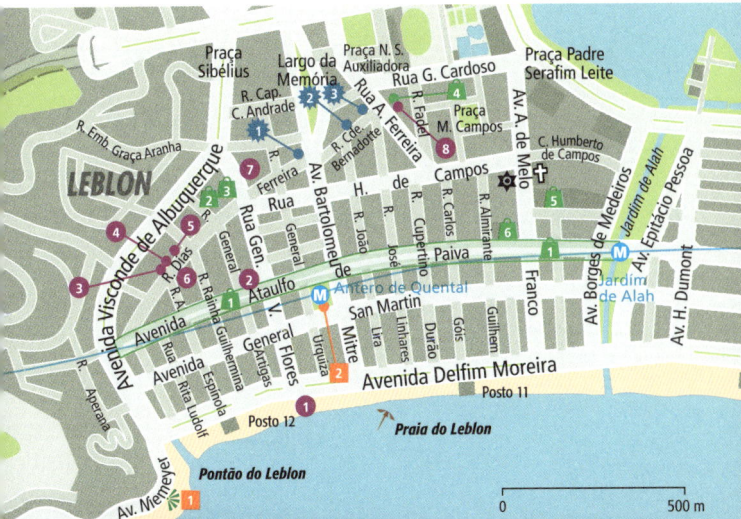

Cityplan: A/B 10/11 | Bus: fast alle westwärts fahrenden Linien von Copacabana und Ipanema

KULINARISCHES FÜR ZWISCHENDRIN

Mãe Terra (Baixo Bebê) ❶: Av. Delfim Moreira 830, www.maeterra.com.br, tgl. 6–22 Uhr, Sandwiches 18 R$, Salate 28 R$, Kaffee 5 R$

Talho Capixaba ❷: Av. Ataulfo de Paiva 1022, www.talhocapixaba.com.br, tgl. 7–22 Uhr. Sandwiches (18 R$); Brot und Zutaten wählt man am Tresen aus.

Momo Gelato Artesanal ❸: Rua Dias Ferreira 147, www.momogelato. com.br, So–Do 12–24, Fr, Sa 12–1 Uhr, Eisbecher in 3 Größen 15–21 R$

Celeiro ❹: ▶ S. 92

Brigite's ❺: ▶ S. 96

Sushi Leblon ❻: Rua Dias Ferreira 256, T 021 25 12 78 30, www.sushileblon.com, Mo 12–16, 19–1, Di–Sa 12–1, So 13–24 Uhr. Rios bester Japaner, viele Promis, immer voll, Reservierung empfohlen.

Sawasdee Bistrô ❼: Rua Dias Ferreira 571 A, www.sawasdee.com.br, Mo 19–23, Di, So 12–17, 19–23, Mi, Do 12–17, 19–24, Fr, Sa 12–17, 19–1 Uhr. Tolles Thai-Restaurant, ca. 50 Gerichte zur Auswahl (42–94 R$).

Torta & Cia ❽: So–Fr 9–20, Sa 9–21 Uhr

SHOP 'TIL YOU DROP

Livraria Argumento ❷: ▶ S. 99

Patrícia Viera, Gilda Midani ❸: ▶ S. 103

Cobal Leblon ❹: Rua Gilberto Cardoso, Mo–Sa 8–18, So 8–13 Uhr

Shopping Leblon ❺: Av. Afrânio de Melo Franco 290, http://shoppingleblon. com.br, tgl. 10–22, So bis 21 Uhr

Rio Design Leblon ❻: Av. Ataulfo de Paiva 270, www.riodesignleblon.com.br, Mo–Sa 10–22, So 15–21 Uhr

AUSGEHSZENE

Chico & Alaíde ❶: ▶ S. 105

Academia da Cachaça ❷: Rua Conde de Bernadotte 26, T 021 22 39 15 42, tgl. 12–1 Uhr

Desacato ❸: Rua Conde de Bernadotte 26 A, T 021 25 12 73 73, Mo 12–16, Di–Do, So 12–24, Fr, Sa 12–2 Uhr

Wasser und exotische Pflanzen – **Lagune und Botanischer Garten**

Die schön gelegene Lagune Rodrigo de Freitas können Sie auf einem Promenadenweg umwandern oder mit dem Fahrrad umfahren. Auf halber Strecke bietet sich ein Besuch des Botanischen Gartens an, außerdem lohnt ein Abstecher zum Aussichtspunkt Vista Chinesa.

Die Lagoa Rodrigo de Freitas

Die wie ein Binnensee wirkende herzförmige Lagoa ist eine recht saubere Salzwasserlagune mit einem Stichkanal zum Meer hin. Ihr Name Rodrigo de Freitas rührt vom früheren Besitzer der angrenzenden Ländereien her. Der heutige Umfang beträgt 7,4 km, 1880 war sie noch ein Meerbusen und doppelt so groß. Das aufgeschüttete Ge-

Im Botanischen Garten lassen sich mehr als 200 Jahre alte Baumriesen bewundern.

lände wurde im 20. Jh. zuerst mit Luxusvillen und später mit teuren Apartmenthäusern bebaut und gilt nun als Rios bestes Wohngebiet. Besonders am Wochenende dient die Lagune als beliebtes Sport- und Freizeitrevier, es wird gewandert, gejoggt, geradelt, gesegelt und gerudert.

Zu Fuß oder per Velo geht es durch die hübsche, von Geschäften, Cafés und Bistros gesäumte **Rua Garcia d'Ávila** und dann bei der Lagune links in den Promenadenweg, wo es etwas weniger dicht an der verkehrsreichen Straße entlanggeht als rechts herum. Vorbei am einstmals boomenden Freizeit- und Gastronomietempel **Lagoon** ❶ führt kurz hinter einem Helikopterlandeplatz ein Weg rechts zum Ufer und durch den ruhigen **Parque dos Patins** ❷, mit Sport- und Spielplätzen sowie einigen beliebten Gartenlokalen wie dem Kiosk **Arab** ❷. Auf der Höhe der Rua General Garzon verlassen Sie die Lagoa und gelangen geradeaus direkt zum nächstgelegenen Eingang *(Portão Pacheco Leão)* des Botanischen Gartens.

An der Lagune liegt auch das Vereinshaus des berühmtesten Fußballklubs Brasiliens, **Flamengo** ❶ mit großem Fanshop. Das schon seit Jahren als »modernstes Fußballmuseum Brasiliens« beworbene Vereinsmuseum war bei Redaktionsschluss immer noch nicht komplett eröffnet.

Der Botanische Garten

Mit 137 ha (55 ha offen für Besichtigung), 6500 Pflanzen- und mehr als 140 Vogelarten ist er der größte und vielseitigste Lateinamerikas. Angelegt wurde der **Jardim Botânico** ❸ 1808 kurz nach Ankunft der aus Portugal vor den napoleonischen Truppen geflohenen Aristokratie. Es sollten vor allem tropische Pflanzen aus dem indischen Raum akklimatisiert werden, die man für Gewürze, Tees und Heilmittel benötigte. So verwundert es nicht, dass die einheimischen Arten bis heute stark unterrepräsentiert sind. Das inzwischen selten gewordene Brasilholz *(pau brasil)*, aus dem Rot-Färbemittel für die königlichen Gewänder gewonnen wurden und welches dem Land seinen Namen gab, ist nach wie vor zu finden.

Sehenswert ist die 740 m lange **Aléia Barbosa Rodrigues** ❹ mit gut 200 Jahre alten und 40 m hohen Königspalmen *(Palmeiras Imperiais, Palma mater)*, in deren Mitte der »Springbrunnen der Musen« *(Chafariz das Musas)* vor einem spektakulären Hügelpanorama als beliebtestes Fotomotiv des Parks lockt.

Weiterhin gibt es den kleinen See **Lago Frei Leandro** mit Victória-régia-Seerosen, das **Mu-**

Vom Botanischen Garten lässt sich per Uber oder Taxi in ungefähr 15 Min. (ca. 12–20 R$) der wunderschöne Aussichtspunkt Vista Chinesa **10** *erreichen. Die Straße führt sehr reizvoll durch einen Teil des Nationalparks von Tijuca. In 380 m Höhe gelangen Sie zu einem chinesischen Pavillon, der zum Gedenken an die chinesischen Gastarbeiter errichtet wurde, die hier im 19. Jh. Tee angebaut und Urwaldstraßen angelegt haben. Der Ausblick ist atemberaubend und einzigartig.*

seu do Meio Ambiente (Museum der Umwelt), Gewächshäuser mit Orchideen, Bromelien und fleischfressenden Pflanzen sowie die zu einem kleinen Museum umgestaltete alte **Schießpulverfabrik** **5** *(Fábrica de Pólvora)*.

Insgesamt ist in diesem künstlich angelegten Garten alles sehr geordnet, Gäste vermissen mitunter das Dichte, Wilde und Wuchernde. Aber allein die himmlische Ruhe mitten im Großstadtgetümmel sowie der erfrischende Schatten sind schon einen Besuch wert. Ein netter Stopp bietet sich unterwegs auf dem Gelände nahe dem **Besucherzentrum** **6** *(centro de visitantes)* im **Bistrot La Bicyclette** **3** an: das Bistro arbeitet nach ganzheitlichen und umweltschonenden Prinzipien. Verlassen können Sie den Park im nordwestlichen Teil auch durch den **Mitarbeiterausgang No. 915** **7**. Gleich rechts finden sich einige gerne von Künstlern und Globo-Schauspielern frequentierte Straßencafés wie das **Jojo Café Bistrô** **4**.

Weiter rund um die Lagune

Wer sehr gut zu Fuß ist und noch die andere Seite der Lagune umwandern möchte (Umrundung der gesamten Lagune in etwa 1 ¾ bis 2 Std.), kann im schönsten Streckenabschnitt beim **Parque do Cantagalo** **8** **Liegefahrräder** **2** ausprobieren und am Pier **Tretboote** **3** im Schwan-Design mieten. Auf der anderen Straßenseite befindet sich im **Parque da Catacumba** **9** eine **Radikalsportanlage** **4**. Stärkung nach der körperlichen Ertüchtigung versprechen gute Caipirinhas und Amazonas-Gerichte im rustikalen und sehr gemütlichen Kiosk **Palaphita Kitch** **5**, einem zum Sonnenuntergang angesagten Freiluftlokal.

Die Lagune von Rodrigo de Freitas ist das Herz von Rio, hier wird gerudert, gesegelt, gejoggt und flaniert.

Cityplan: A–D 8–10 | **Anfahrt:** von Ipanema/Leblon zu Fuß oder per Fahrrad, sonst am besten per Taxi | **Bus:** 162, 570, 584

INFOS/ÖFFNUNGSZEITEN

Clube de Regatas do Flamengo 1:
Av. Borges de Medeiros 997, Fanshop
Mo–Sa 10–18, So 9–15 Uhr
Jardim Botânico 3: www.jbrj.gov.br,
Mo 12–17, Di–So 8–17 Uhr, 10 R$

AKTIV AN DER LAGUNE

Bike & Lazer 1: Radverleih, ▶ S. 112
Obstaklo 2: Parque do Cantagalo,
tgl. 7–22 Uhr, »Liegedreiräder« für eine
Person (*unitário*, 15 R$/30 Min.) oder
Doppelsitzer (*duplo*, 25 R$/30 Min.).
Pedalinhos 3: Parque do Cantagalo,
tgl. 9–18 Uhr, Tretboote für 2–6 Pers.,
30 Min. 30 R$/2 Pers., 50 R$/bis 6 Pers.
Lagoa Aventuras 4: Parque da Catacumba (Rezeption am Parkeingang), T
021 41 05 00 79, www.lagoaaventuras.
com.br, Di–So 9.30–16.30 Uhr. Kletter-
wand (25 R$), Ziplines (20–35 R$) und
Abseilen (130 R$). Di–Fr Aktivitäten
einen Tag vorher anmelden. Kostenloser
Rundweg zu zwei Aussichtspunkten.

KULINARISCHES FÜR ZWISCHENDRIN

Lagoon 1: Av. Borges de Medeiros
1424, T 021 25 29 53 00, www.lagoon.
com.br, tgl. ab 12 Uhr. Kino, Restaurants
auf offener Terrasse mit tollem Blick auf
die Lagune.
Arab 2: Av. Borges de Medeiros, T 021
25 40 07 47, www.restaurantearab.
com.br, So–Do 9–1, Fr, Sa 9–2.30 Uhr.
Arabische Spezialitäten in Biergarten-
atmosphäre.
Bistrot La Bicyclette 3: im Jardim
Botânico, www.labicyclette.com.br,
Mo 12–18, Di–So 8.30–19 Uhr. Nach
alten Rezepten ohne Fette, Zucker oder
Zusätze hergestelltes Brot, dazu andere
Leckereien.
Jojo Café Bistrô 4: Rua Pacheco Leão
812, T 021 35 65 90 07, Di–Fr 18–2, Sa
13–1, So 13–20 Uhr. Straßencafé mit
leichter (Bio-)Kost, Sandwiches um 35 R$.
Palaphita Kitch 5: Av. Epitácio Pes-
soa, Quiosque 20, Lagoa, T 021 22 27
08 37, www.palaphitakitch.com.br, tgl.
18–1 Uhr. Einer der besten Caipirinhas
der Stadt.

Das unbekannte Leben der Armen – **die Favela Santa Marta**

Der Besuch einer Favela ist in den letzten Jahren fast zum touristischen Standardprogramm geworden. Viele scheuen sich zunächst, weil es an Elendstourismus erinnert. Doch das Befremden verfliegt meist schnell, wenn man entdeckt, dass die Bewohner hier nicht mehr so ärmlich leben, wie man vermutet hatte.

Nicht alle Favelas sind so bunt, aber Santa Marta hat durch den Tourismus schon ein freundlicheres Gesicht bekommen.

An- und Auffahrt

Rios erste von der Polizei besetzte Favela gilt heute als ungefährlich und zieht zahlreiche Besucher an. Fahren Sie zunächst bis zur **Praça Corumbá** **1**,

einem an der Rua São Clemente in Botafogo gelegenen Platz (als Haltepunkt nennen Sie dem
Bus- oder Taxifahrer »Praça do Santa Marta«, der
offizielle Name ist kaum ein Begriff). Dort befindet sich eine kleine **Tourist Info**, wo ein Plan der
Favela mit zweisprachig eingezeichneten Sehenswürdigkeiten erhältlich ist. Sollte gerade niemand
anwesend sein, können Sie sich mithilfe der dort
aufgestellten Übersichtskarte eine Orientierung
verschaffen. Lokale Guides bieten für ca. 60 R$
pro Person ihre Dienste an (Tourdauer 1–1,5
Std.), sprechen aber nur zum Teil Englisch. Auch
wenn der Preis moderat verhandelbar ist, so ist
dies doch eine gute Gelegenheit, einen kleinen
Obolus zur Modernisierung des Stadtviertels bei-
zutragen. Von den Einnahmen wird ein Teil für
den örtlichen Kindergarten gespendet.

Von der Praça Corumbá geht es nun, mit oder
ohne Guide, auf der Rua Marechal Francisco de
Moura 300 m leicht bergauf bis zur **Station 1**
2 *(Estaçao 1)* einer kleinen **Standseilbahn**, dem
Plano Inclinado (tgl. 6.30–24 Uhr, Fahrt frei). Bei
Station 3 3 müssen Sie umsteigen, um mit einer
anderen Bahn bis zur **Endstation 5 4** hinaufzu-
fahren. Dort steht rechts das blaue Gebäude der
Polizei (UPP). Oben bietet sich ein herrlicher Blick
auf die Lagoa, die Dois Irmãos und den Corcovado. 400 m nach rechts gehend, eröffnet sich
vom **Mirante Pedrão 5** (ausgeschildert) noch
ein ähnlich fantastischer Blick auf die Bucht von
Botafogo, den Zuckerhut und sogar bis hinüber
nach Niterói.

*Mit der Standseilbahn
geht es nach oben.*

Abstieg durch die Gassen
Wieder an die Bahnstation 5 zurückgekehrt, beginnt der steile Abstieg über neu gemachte und
mit Geländern versehene Treppen. Die Favela
macht insgesamt einen relativ gepflegten Eindruck, von extremer Armut ist wenig zu spüren.
Manche Ziegelsteinhäuser sind schon verputzt
und gestrichen, hier und da fällt der Blick in
sorgsam eingerichtete Wohnzimmer. Man sieht
aber auch abenteuerlich auf Felsen zusammenge-
nagelte Holzhütten, Abwässer, die ungeklärt den
Hang hinunterlaufen und herumliegenden Müll.
Nach und nach soll all dies verbessert werden.
Die Bewohner sind jedenfalls gelassen, kaum
aufdringlich, niemand bettelt, einige grüßen

In den kleinen Bars und Läden der Favela sollte man möglichst etwas kaufen und so den Bewohnern etwas helfen.

ÜBRIGENS

Von Santa Marta aus lässt sich in gut 40 Minuten der **Mirante Dona Marta** 🟥11 erreichen (▶ S. 48), einer der besten Aussichtspunkte der Stadt. Diese Wanderung kann nur mit Guide gemacht werden, der Preis ist verhandelbar (ca. 60 R$ p. P.).

freundlich und spielende Kinder versuchen sich mit ein paar Brocken Englisch. Auch wenn die Atmosphäre entspannt wirkt, sollten Sie grundsätzlich nie Personen fotografieren, ohne diese vorher zu fragen.

Von den Hauptwegen gehen oft kleinere enge Gassen ab, durch eine gelangen Sie nach rechts zum **Espaço Michael Jackson** 🟥6, dem meistbesuchten Platz der Favela. 1996 war hier der Popstar zu Gast, um den Clip zum Welthit »They don't care about us« zu drehen. Es war das größte kulturelle Ereignis der Favela-Geschichte, verewigt und gewürdigt durch ein buntes Wandmosaik und eine Bronzestatue. Auch von hier bietet sich wieder ein schöner Ausblick, rechts sehen Sie fast auf gleicher Höhe die **Arena** 🟥7, ein Veranstaltungsort für kulturelle Events und Feste. Direkt unter dem Platz liegt die **Casa de Cultura Dedé**, wo die Bewohner Zugang zu einer Bibliothek haben und Musikunterricht erhalten können.

Unterwegs stößt man auch vereinzelt auf urige Bars, von deren winzigen Terrassen sich das Leben im Viertel beobachten lässt. Im unteren Teil der Favela sollten Sie unbedingt noch die hübsche **Praça Cantão** 🟥8 mit ihren bunt bemalten Häuschen aufsuchen. Dort befinden sich auch die blaue Halle der Sambaschule Mocidade Unida do Santa Marta und mehrere einfache Bars.

In Botafogo und Humaitá unterhalb der Favela

Von der Praça Corumbá 50 m nach links und dann noch 500 m durch die Rua das Palmeiras gehend, erreichen Sie bei Nr. 55 das sehr liebevoll gestaltete **Museu do Índio** 🟥9. Ausgestellt sind in mehreren Sälen eine Kultstätte, Kopfschmuck, Keramik, Kunsthandwerk (auch Verkauf) und Fotos südamerikanischer Ureinwohner. Etwa auf der gleichen Höhe, nur eine Straße weiter, befindet sich an der Rua Sorocaba 200 das **Museu Villa-Lobos** 🟥10. Heitor Villa-Lobos (1887–1959) galt schon zu Lebzeiten als der bedeutendste Komponist Südamerikas. In seinem unter Denkmalschutz stehenden Wohnhaus aus dem 19. Jh. finden sich Pianos und andere Musikinstrumente sowie Fotos aus seinem Leben (wg. Renovierung geschlossen).

Sehr empfehlenswert ist ein Besuch des an der Rua Voluntários da Pátria 448 gelegenen

INFOS/ÖFFNUNGSZEITEN

Touristeninformation: tgl. 8–17 Uhr

Museu do Índio 9 : www.museudoin dio.gov.br, Di–Fr 9–17.30, Sa, So 13–17 Uhr, Eintritt frei

Museu Villa-Lobos 10 : www.museu villalobos.org.br, nach Wiedereröffnung voraussichtlich Mo–Fr 10–17 Uhr, Eintritt frei

Favela Scene: T 021 966 81 13 15, www.favelascene.com.br. Das junge Team bietet interessante Extras, die in den Rundgang integriert werden können, zum Beispiel Mittagessen, Fußballspielen mit Einheimischen, Drachenlenken oder Foto-Safari (115–140 R$ p. P.). Wer noch tiefer eintauchen möchte, kann sich in einem Hostel einmieten.

KULINARISCHES IN HUMAITÁ

Cobal Humaitá 1 : Läden bis ca. 18 (So bis 14), Lokale, Bars bis 2 Uhr

Lima Restobar 2 : Rua Visc. de Caravelas 113, www.limarestobar.com.br, Mo–Sa 12–16, 19–24, So 12–22 Uhr. Hübsches peruanisches Restaurant mit Barklima, Spezialität Ceviches (33–62 R$), Mittagstisch Mo–Fr 32 R$.

ANDERE BEFRIEDETE FAVELAS

Morro da Babilônia: Die in Leme gelegene Favela wurde ebenfalls be-

friedet. Von einigen Bars hat man einen schönen Blick auf die Copacabana.

Rocinha: Diese hinter dem Stadtteil São Conrado gelegene Favela ist wegen ihrer Größe und des herrlichen Blicks am faszinierendsten. Sie wurde Ende 2011 von der Polizei besetzt. Ein Rundgang sollte dennoch auf jeden Fall nur mit Guide erfolgen (www.favelatour.com.br). Besucht werden auch die kleine Nachbar-Favela Vila Canoas und eine Grundschule, die mit einem Teil des Honorars unterstützt wird. Tourbeginn um 9 und 14 Uhr (3 Std., 95 R$ p. P. inkl. Hoteltransfer).

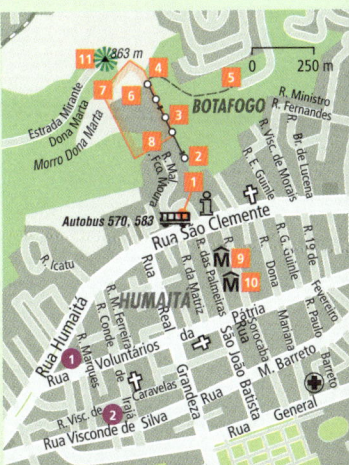

Cityplan: D 7/8 | **Bus:** 538 von Rio Sul bis Praça Corumbá | **Metro:** Botafogo, dort Ausgang C und die Rua São Clemente bis Praça Corumbá

Markthallenkomplexes **Cobal Humaitá** 1 , tagsüber besonders wegen der exotischen Früchte und Gerüche, der Blumenstände und Weingeschäfte, abends wegen der lebhaften Bars und Kneipen, die sich in der Markthalle und in einem großen Open-Air-Areal auf der Rückseite befinden. Die Atmosphäre ist ausgelassen, besonders am Wochenende geht es hoch her und man kann recht gut und günstig speisen. Auch in den benachbarten Straßen des Viertels Humaitá finden sich viele belebte Bars und gute Restaurants.

Das faszinierende Stadtpanorama – **Corcovado mit Christus-Statue**

Der Gipfel des Corcovado mit der gewaltigen Christus-Statue gewährt unvergessliche Ausblicke. Bei der Auffahrt sehen Sie zudem ein Stück des Nationalparks von Tijuca. Auf halber Strecke der Serpentinenstraße befindet sich der Aussichtspunkt Santa Marta, den viele ebenso schätzen wie den bekannteren Corcovado.

Cristo Redentor wacht über Rio und gibt dieser Stadt ein gewaltiges Wahrzeichen.

Der Corcovado mit Christus-Statue

Vom 709 m hohen **Corcovado** (Der Bucklige) gewinnt man den besten Rundblick auf Rio, nicht umsonst ist dieser Aussichtspunkt mit tgl. 5000

Besuchern der beliebteste der Stadt. Für Brasilianer war dieser Felsen schon immer der wichtigste, vor allem wegen des **Cristo Redentor** 1 (Christus der Erlöser). Ohne seinen 8 m hohen Sockel ist der Koloss ganze 30 m hoch, die ausgebreiteten Arme erreichen eine Spannweite von 28 m, das Gewicht beträgt 1145 t. Am Abend wird die Statue angestrahlt und scheint frei über der Stadt zu schweben.

Die Idee zu diesem Monument ging bereits 1859 von dem französischen Priester Pierre Marie Boss aus. Doch erst 1926, nachdem einige Katholiken unter Erzbischof Sebastião Leme eine neue Initiative gestartet hatten und reichlich Spendengelder geflossen waren, wurde das von Heitor da Silva Costa entworfene Projekt in Angriff genommen. Die Ausgestaltung des Kopfes und der Hände geschah nach Plänen des französischen Art-déco-Bildhauers Paul Landowski. Bei den vom 4. bis 12. Oktober 1931 andauernden Einweihungsfestlichkeiten wurde die Statue von Kirche und Regierung als »Altar des Vaterlandes« und Symbolfigur gegen den Kommunismus gefeiert. Seit 2007 gehört sie zu den »neuen sieben Weltwundern«.

ÜBRIGENS

In der Hauptsaison und an Wochenenden muss auf allen Wegen mit längeren Warteschlangen gerechnet werden, am wenigsten noch vor 9 oder nach 16 Uhr (zu diesen Uhrzeiten entgehen Sie auch der größten Tageshitze). Auf jeden Fall sollten Sie den Ausflug gemächlich angehen und einen guten halben Tag dafür einplanen. Am letzten Urlaubstag, womöglich kurz vor dem Abflug, »noch mal schnell« auf den Corcovado zu wollen, ist keine gute Idee.

Übersicht: Wege zum Christus

Es gibt vier Möglichkeiten, auf den Corcovado zu gelangen: Erstens per Zahnradbahn ab der Station **Estação Trem do Corcovado** 2, zweitens per Kleinbus-Shuttle ab **Copacabana** (oder ab Largo do Machado oder Barra da Tijuca), drittens per Kleinbus-Shuttle ab **Zwischenstation Paineiras** (dorthin per Auto oder Taxi). Ganz Sportliche haben, viertens, die Möglichkeit, den Weg wandernd zurückzulegen.

Zufahrt per Zahnradbahn

Bei den über Hotels und Reiseagenturen gebuchten Touren wird meist die Zahnradbahn benutzt (auch mit öffentlichen Verkehrsmitteln erreichbar). Die Strecke wurde 1884 angelegt, führt 3,5 km bergauf durch den Regenwald, bietet aber kaum Aussichten auf die Stadt, nur während einer knappen halben Minute am Ende der Fahrt zeigt sich ein Fotopanorama. Die Talstation liegt recht weit von den Atlantikvierteln entfernt im Stadtteil **Cosme Velho**. Wer nicht mit dem

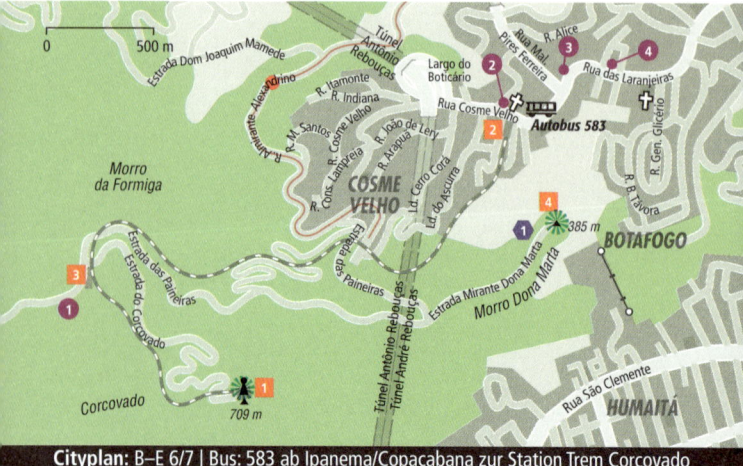

Cityplan: B–E 6/7 | Bus: 583 ab Ipanema/Copacabana zur Station Trem Corcovado

ÖPNV fährt, zahlt fürs Taxi etwa 25–35 R$. Ist die Schlange an der Zahnradbahn zu lang, besteht zudem die Möglichkeit, sich von Vans oder Taxis bis zur **Zwischenstation Paineiras** bringen zu lassen und dort in andere Vans zur Christus-Statue umzusteigen.

Über die Serpentinenstraße

Dieser Weg ist landschaftlich reizvoller. Neben dem erwähnten Kleinbus-Shuttle, der direkt bis ganz nach oben fährt, besteht auch die Möglichkeit, per Taxi oder mit Privatguide bis zur **Estação Paineras** 3 zu fahren und dort in einen Busshuttle umzusteigen (Taxi bzw. Guide warten bis zur Rückkehr). Umgibt die Statue kein Wolkenmäntelchen, kaufen Sie sich hier ein Ticket und fahren mit dem Shuttlebus hoch, die Fahrt auf der steilen Serpentinenstraße dauert zehn Minuten.

Vorteil dieser dritten Variante: Sie können noch andere Sehenswürdigkeiten einbeziehen. Dazu gehört der tiefer gelegene Aussichtspunkt **Mirante Dona Marta** 4, den Sie besonders dann ansteuern sollten, wenn die Corcovado-Spitze in einen dichten Wolkenmantel gehüllt ist. Der Zugang zur Dona-Marta-Plattform liegt etwas versteckt, es ist ein kleiner, nach rechts abgehender Treppenpfad durch einen dichten Bambushain. Aus 385 m Höhe eröffnet sich fast derselbe Blick wie vom Corcovado-Gipfel, und das ohne Eintritt

In Rio allgegenwärtig: die Christus-Statue

Alle genannten Preise beinhalten Hin- und Rückfahrt sowie den Eintritt zur Christus-Statue **1**. Für Wanderer, die zu Fuß hinaufkommen, beträgt der Eintritt zum Aussichtspunkt 24 R$ (Nebensaison 12 R$, Kinder bis 11 J. frei).
Estação Trem do Corcovado **2**: Talstation der Zahnradbahn, Rua Cosme Velho 513, T 021 25 58 13 29, www.corcovado.com.br, tgl. 8–18 Uhr, alle 20–30 Min., Dauer 20 Min., 74 R$ (Nebensaison Mo–Fr Ermäßigungen). Unter-11-Jährige 48 R$, unter 6 J. frei. Bei mind. 4 Std. Vorlauf ist ein Kauf im Internet möglich (das Ticket muss 30 Min. vor der ausgewählten Zeit an der Station eingelöst werden), ebenso in den Kiosks der Tourist Info, in einigen Bankfilialen (Correios) sowie spontan an der Talstation (dort jedoch nur Kartenzahlung und meist Warteschlangen).
Shuttlebusse: Von der Südzone am besten per Kleinbus ab Copacabana (Praça do Lido), Mo–Fr 8–16, Sa, So 8–17 Uhr, ca. alle 15 Min., 70 R$ (Nebensaison 57 R$), Tickets über www.paineirascorcovado.com.br oder an der Praça do Lido (dort Kauf und Fahrt nur am selben Tag möglich). Weitere Shuttlebus-Stationen (selbe Öffnungszeiten) befinden sich an der Metrostation Largo do Machado (selbe Preise) und vor dem Einkaufszentrum Città América in Barra da Tijuca (102 R$, Nebensaison 89 R$). Keine Stornierung wegen Schlechtwetter möglich!
Estação Paineras **3**: Kleinbusse in kurzen Abständen, tgl. 8–18 Uhr, Dauer 10 Min., 40 R$ (Nebensaison 27 R$).

An der renovierten Zwischenstation Paineras bietet sich ein längerer Aufenthalt an. Hier, wo bis vor Kurzem noch die Mäuse aus den Ritzen pfiffen, erwarten nun ein großes Besucherzentrum mit Ausstellung über den Nationalpark, ein Restaurant, Café und Bar die Gäste – empfehlenswert! Das Restaurant **Mirante Paineiras** **1** (T 021 22 25 04 01, tgl. 8–17 Uhr) serviert ein sehr gutes All-you-can-eat-Buffet (55 R$ p. P.), gespeist wird auf einer großen Terrasse unter Sonnenschirmen oder im klimatisierten Innenraum. Genau der richtige Ort, um sich nach dem Besuch des Christus zu stärken und ins Tal zu blicken. Für die exponierte Lage faire Preise.

Auch an der Talstation gibt es Einkehrmöglichkeiten: Gleich gegenüber liegt das einfache **Taberna 564** **2** (Rua Cosme Velho 564, tgl. 11–16, 17–24 Uhr), mittags Self-Service (50 R$/kg), abends à la carte (20–25 R$).
Etwas weiter auf der Rua das Laranjeiras treffen Sie auf das **Assis (O Bistrô do Hartmann)** **3**, ein hübsches Café in dem Gebäude, in dem der große Dichter Machado de Assis bis zu seinem Tod 1908 lebte (Rua Cosme Velho 174, T 021 22 05 35 98, tgl. 9.30–23 Uhr, Hauptgerichte 30–50 R$, Snacks 10 R$, dazu über 300 Biersorten).
Noch ein Stück weiter folgt der Italiener **Mamma Rosa** **4** (Rua das Laranjeiras 506, T 021 25 56 65 02, Di–So 11–24 Uhr), hier empfiehlt sich ein kühles Getränk auf der Außenterrasse.
Wer sich noch fit fühlt, kann bis zum Largo do Machado weiterlaufen und von dort die Viertel Catete und Flamengo besichtigen (▶ S. 51) – oder mit der Metro zurückfahren.

und Massentourismus. Fotografen bevorzugen sogar diesen Ort, denn aus der Schräge ist der Zuckerhut noch fotogener als aus der Vogelperspektive in 709 m Höhe. Vom Parkplatz aus auf

Der Christus von Rio ist das größte Art-Deco-Monument der Welt! Und unten bezaubert der weltberühmte Zuckerhut im Licht der Abenddämmerung.

der anderen Seite befindet sich ein (zzt. nicht aktiver) **Heliponto** ❶, der Abstecher dahin lohnt ebenfalls allein schon wegen des Blicks zur Christus-Statue. Vom Mirante Dona Marta aus können Sie sich im Anschluss in wenigen Minuten zum Stadtteil Santa Teresa (▶ S. 57) bringen lassen und dort Ihre Stadtbesichtigung fortsetzen.

Per pedes

Für sportlich Aktive ist es reizvoll, den Corcovado zu Fuß zu bezwingen. Der Ausgangspunkt der Wanderung liegt im **Parque Lage** (▶ S. 85): Wenn Sie dort am Haupthaus vorbeigehen, danach erst links und dann rechts abbiegen (Schilder beachten), gelangen Sie in knapp 5 Minuten zum Haus der Parkverwaltung, wo Sie sich registrieren lassen und den Aufstieg zur Christus-Statue in Angriff nehmen. Vorbei an Wasserfällen und zwischen den Bäumen immer wieder auftauchenden Ausblicken auf die Stadt sind Sie nach 2240 m und – je nach Fitness – 1,5–2,5 Stunden am Sockel der Statue und blicken auf 704 unter Ihnen liegende Höhenmeter.

Zu beachten ist, dass bei Regen oder nach stärkeren Schauern Rutschgefahr besteht und die Wanderung dann nicht zu empfehlen ist, insbesondere wegen einiger steilerer Abschnitte, an denen man sich an Wurzeln und Bäumen festhalten muss. Mückenschutz, Sonnencreme und Hut sind ganzjährig mitzubringen.

Auf dem Corcovado

Oben angelangt, nehmen Sie noch einen Aufzug plus Rolltreppen oder bezwingen sportlich 215 Treppenstufen, dann stehen Sie endlich unter dem Christus. Der Panoramablick ist umwerfend und von Kameras nur ansatzweise einzufangen – denn Ihnen liegt nun ganz Rio zu Füßen. Hinweistafeln mit englischer Beschriftung erklären den Besuchern genau, was in der jeweiligen Richtung zu sehen ist.

Alte Pracht an der Guanabara-Bucht – **Flamengo, Catete, Glória**

Um die Wende vom 19. zum 20. Jh. begannen reiche Kaffeebarone und andere Aristokraten, sich außerhalb des Zentrums in prachtvollen Residenzen in den an der Bucht von Guanabara gelegenen Vierteln Flamengo, Catete und Glória niederzulassen. Später folgten Phasen des Verfalls, heute mischt sich hier ein leicht morbider Charme mit Ansätzen einer Revitalisierung.

Historische Fassaden in Flamengo

Der **Largo do Machado** ist ein großer, klassisch südamerikanischer Platz mit Blumenständen, Parkbänken, Königspalmen und anderen tropi-

Nicht nur wie hier auf dem Largo do Machado spielen Männer Karten, eine beliebte Freizeitbeschäftigung.

Cityplan: F 4/5 | **Metro:** Largo do Machado

INFOS/ÖFFNUNGSZEITEN

Castelinho do Flamengo 3: Praia do Flamengo 158, Di–So 10–18 Uhr
Museu de Arte Moderna (MAM) 9: Av. Infante Dom Henrique 85, www.mamrio.org.br, Di–Fr 12–18, Sa, So 11–18 Uhr, 14 R$
Museu de Folclore Edison Carneiro 11: Rua do Catete 179, T 021 22 85 04 41, Di–Fr 11–18, Sa, So 15–18

Uhr, Eintritt frei, wechselnde Ausstellungen
Museu da República 12: Rua do Catete 153, www.museudarepublica.org.br, Di–Fr 10–17, Sa, So 11–18 Uhr, 6 R$, Mi, So frei
Seilbahn Plano Inclinado 14: Di–Fr 7–19, Sa 7–13, So 8–13 Uhr.
Igreja de N. S. da Glória do Outeiro 15: Di–Fr 9–12, 13–17, Sa, So 8–13 Uhr

KULINARISCHES FÜR ZWISCHENDRIN

Majórica Churrascaria 1: Rua Sen. Vergueiro 11, T 021 22 05 68 20, So–Do 12–24, Fr, Sa 12–1 Uhr. Rustikales, authentisches Steakhouse (seit 1961); das Fleisch kommt à la carte (kein Rodízio). Wenig Touristen, dennoch mittags voll. Die großen Portionen sind ideal für Familien/Gruppen, z. B. Ponta de Picanha (108 R$) für 3–4 Pers., Beilagen extra. Außerdem Huhn, Fisch, Omelettes (19–28 R$), Nudeln (27–45 R$) und Salate.
Berbigão 2: Rua do Catete 150, T 021 22 05 72 45, tgl. 11.30–1 Uhr. Mo–Fr bis 17 Uhr günstiger Mittagstisch.

schen Bäumen, einem religiösen Monument in der Mitte und der 1834 erbauten **Igreja Matriz de Nossa Senhora da Glória** 2 am hinteren Ende. Gegenüber der Kirche fahren die Vans zum Corcovado ab (Ticketverkauf beim Metroausgang A). Von der anderen Seite des Platzes aus geht es durch die Rua 2 de Dezembro, an deren Ende rechts an der Ecke die 1916 errichtete Residenz eines damaligen Bauunternehmers erscheint. Sie wirkt wie ein Schlösschen und wird daher **Castelinho do Flamengo** 3 genannt. Heute ist hier das städtische Centro Cultural Oduvaldo Vianna Filho untergebracht.

Die Hauptstraße **Praia do Flamengo** vor dem Castelinho war früher eine der nobelsten Adressen der Stadt. Von alter Pracht und Reichtum zeugen noch manch prunkvolle historische Fassaden. Linker Hand stoßen Sie bei Nr. 116

auf das im Pariser Stil gestaltete neoklassizistische **Edifício Praia do Flamengo** 4 . Das erste Luxus-Apartmenthaus des Viertels (1923) mit großen Fünf-Zimmer-Wohnungen hieß zunächst *Palacete de Areia* (Sandpalast), weil der Buchtstrand bis kurz vor den Eingang reichte. Der Architekt Joseph Gire hatte kurz vorher auch das Copacabana Palace Hotel entworfen. Wenige Meter weiter folgt bei Nr. 88 das 1931 in florentinischem Stil errichtete zwölfstöckige **Edifício Flamengo** 5 (ehem. Ed. Seabra). Mit ihm begann die Zeit der größeren *condomínios* (Wohnhochhäuser). Um die Umstellung zu erleichtern, besaßen die einzelnen Apartments unterschiedliche Größen und Ausstattungen. Auch die Fassade sollte nicht einheitlich wirken, sie wurde damals zur zweitschönsten Rios gekürt.

In Rio wird weniger getrommelt als in der afrikanisch geprägten Stadt Salvador, aber um den Karneval herum regiert auch hier die Percussion.

Freizeitpark und Buchtstrand

Bevor es links in den **Parque do Catete** geht, können Sie noch einen Abstecher zum Wasser machen. Bei der Rua Silveira Martins werden einige Fußgängerampeln überquert, dann geht es ein Stück zurück zu einer Fußgängerbrücke, die durch den **Parque do Flamengo** 6 führt. Er wurde ab 1961 von dem Landschaftsarchitekten Burle Marx nach dem Vorbild des New Yorker Central Parks angelegt und 1965 eingeweiht (1,2 Mio. m², 12 000 Bäume bzw. 190 verschiedene Arten, viele Spazierwege und Sportplätze). Das Terrain hatte man durch Aufschüttung der Bucht abgerungen. Leider führen am Park auch breite Schnellstraßen entlang, doch zum Strand hin verflüchtigt sich der Lärm. Hinter dem Park liegt die **Praia do Flamengo** 7 , ein reizvoller Strand mit schönem Blick auf den Zuckerhut. Er ist im Sommer recht belebt, nur eignet sich das Wasser der Bucht weniger zum Baden.

Wer mag, kann anstatt zurück nach Catete am Wasser entlang zum 1960 errichteten **Monumento aos Mortos da Segunda Guerra Mundial** 8 gehen, einem Mahnmal zum Gedenken der in Italien gefallenen knapp 500 Opfer des Zweiten Weltkriegs, im Sockel befinden sich ein Museum und Mausoleum. Kurz darauf gelangen Sie zum sehenswerten **Museu de Arte Moderna (MAM)** 9 , einem der besten Museen Rios. Zu bewundern sind mehrere tausend Kunstobjekte, ein Drittel

Von Glória aus sind Sie recht schnell bei der berühmten Künstlertreppe **Escadaria do Selarón** 16 (▶ S. 60). Sie gehen nur die Rua da Glória etwas weiter und biegen dann links in die Rua Joaquim Silva. Wenn Sie hinauf nach **Santa Teresa** möchten, sind Sie mit Taxi/Uber ebenfalls schnell dort (ca. 8–15 R$).

SPARTIPP

gehört zur prominenten »Coleção Gilberto Chateaubriand« mit Werken von Cavalcanti, Portinari u. a.

Die quirlige Rua do Catete

Der **Parque do Catete** 10 ist ein wunderschönes und kaum bekanntes Kleinod. In dem gepflegten Park befinden sich zwei sehenswerte Museen: links das hübsche **Museu de Folclore Edison Carneiro** 11 zur brasilianischen Volkskunst und am anderen Ende der opulente **Palácio do Catete** mit dem **Museu da República** 12 (Eingänge Rua do Catete). Dort residierten bis 1960 fast alle brasilianischen Präsidenten, darunter auch Getúlio Vargas, der sich 1954 in seinem Schlafzimmer das Leben nahm. Seit der Verlegung der Hauptstadt nach Brasília dient der Palast als Museum, zu bewundern sind mehrere prachtvolle Salons. Davor liegt die lebhafte **Rua do Catete**, die rechter Hand nach Glória führt.

Neu entdecktes Glória-Viertel

Gehen Sie nun durch die Rua da Glória bis zur Metrostation Glória und erleben Sie ein ungeschminktes, authentisches, teilweise auch verfallenes Gesicht von Rio, wo Sie kaum anderen Touristen begegnen werden. Bei der Metro führt eine Straße rechts um hohe Steinmauern herum bis zur Rua do Russel. Am Ende der Straße sehen Sie die Bauwüste des 1922 errichteten **Hotel Glória** 13, aus dem der pleitegegangene Ex-Milliardär Eike Batista das erste 6-Sterne-Hotel Rios machen und im Zuge dessen das ganze Viertel revitalisieren wollte. Es war für eine kurze Zeit bis zur Gründung des Copacabana Palace Hotel (1923) die größte und nobelste Unterkunft der Stadt.

An der Rua do Russel sehen Sie auch den **Plano Inclinado do Outeiro da Glória** 14, eine kleine Standseilbahn, die auf einen 61 m hohen Hügel führt. Dort steht die ab 1714 erbaute **Igreja de N. S. da Glória do Outeiro** 15. Der eher schlichte Barocktempel mit dem ungewöhnlichen achteckigen Grundriss und den Azulejo-Verzierungen (Keramikfliesen-Mosaike) war eine der Lieblingskirchen der Kaiserfamilien, hier wurde auch Dom Pedro II. getauft. Von oben bietet sich ein schöner Blick auf die Bucht und die Skyline des Zentrums.

Rio vom Wasser aus –
Mit dem Boot durch die Guanabara-Bucht

9

Hier begann die Geschichte Rios. Die portugiesischen Eroberer wussten die geschützte Lage dieser riesigen Bucht zu schätzen. Ihre Einfahrt neben dem Zuckerhut ist recht knapp, doch dehnt sie sich dahinter tief ins Hinterland hinein. Am Südwestufer hat sich das historische Zentrum entwickelt, gegenüber liegt die schöne Nachbarstadt Niterói. Entdecken Sie Rio auf einer gemütlichen Bootstour vom Wasser aus! ▼

Die Ausfahrt startet im Jachthafen **Marina da Glória** 1. Es ist eine relaxte Angelegenheit, Rio einmal aus dieser Warte an sich vorüberziehen zu lassen. Bei Bossa-Nova- und Sambaklängen werden Sie eines schnell feststellen: Aus jeder Perspektive wirkt die Stadt anders.

Schon bei der Ausfahrt aus der Marina bietet sich rechts ein toller Blick auf den **Zuckerhut** 2 sowie links davon auf das **Forte Lage** 3. Danach

Die Bucht von Guanabara war die Wiege der Stadtgründung, heute der größte natürliche Hafen der Welt mit einer 13 km langen Brücke im Hintergrund.

geht es im Uhrzeigersinn zunächst am **Flughafen Santos Dumont** 4 vorbei, wo die ein- und ausschwebenden Jumbos fast mit dem Zuckerhut zu kollidieren scheinen. Ein Stück weiter fallen die Türmchen der **Ilha Fiscal** 5 ins Blickfeld: Ohne die umliegenden Marineschiffe könnten sie einem Märchen entsprungen sein.

Im Anschluss taucht wie aus dem Nichts das spektakuläre **Museu do Amanhã** 6 auf, links davon der Hochhausdschungel des Zentrums. Von hier besteht die einzige Möglichkeit, das Museum mit etwas Abstand von vorne abzulichten. Kurz darauf geht es vorbei an der **Ilha de Pombeba** 7 und weiter zur gewaltigen **Ponte Rio-Niterói** 8. Das Boot macht einen Schwenk um einen Brückenpfeiler und setzt dann über zur Schwesterstadt Niterói.

Schon aus der Ferne springen einem die auffälligen Niemeyer-Bauten ins Auge, die typischen Kuppeln und das an eine liegende Gitarre erinnernde **Teatro Popular** 9. Doch das wirkliche Highlight kommt nicht mit einem Paukenschlag, sondern taucht fast schüchtern, sehr idyllisch zwischen Felsen auf: das weltberühmte, ufoförmige **Museu de Arte Contemporânea** 10 (▶ S. 73). Im Anschluss sehen Sie noch den schönen **Strand von Icaraí** sowie das **Fortaleza de Santa Cruz** 11, bevor es wieder zurück zur Marina geht.

TIPP

Der Fahrtwind ist recht frisch, an kühleren Tagen (unter 20–25 °C) sollten Sie einen Pulli oder eine Jacke mitnehmen.

SCHONERFAHRTEN

Saveiros Tour 1: T 021 22 25 60 64, www.saveiros.com.br, tgl. 9.30 Uhr, 2 Std., 60 R$. Di–So englischsprachige Guides, Früchte gratis, Caipirinha 12 R$, Wasser 5 R$. Anfahrt mit Taxi.

IN WENIGEN GEHMINUTEN …

… erreichen Sie von der Marina aus das **Museu de Arte Moderna (MAM)** ▶ S. 52.

Cityplan: Karte 5, C/D 2–4 | **Bus:** 433 und 464 von Ipanema/Copacabana bis Hotel Glória | **Metro:** Glória (umständlicher Fußweg), am einfachsten per Taxi (20–30 R$)

Zeitreise in die Vergangenheit – **das Künstlerviertel Santa Teresa**

10

Das malerische und immer noch ursprünglich wirkende Viertel an den Hängen nahe dem Zentrum ist mit Ateliers, Kunsthandwerksläden, Restaurants und urigen Bars ein Anziehungspunkt besonderer Art. Der Besuch ist ein kleines Abenteuer für sich und eine Zeitreise in eine längst vergangene Epoche, alleine schon durch die Anfahrt in der ältesten Straßenbahn Rios.

Zwischen 1808 und 1942 lebten auf den Hügeln die Reichen und genossen die Aussicht, das milde Klima und frisches Quellwasser vom Corcovado. Die meisten der postkolonialen Villen gehörten den Kaffeebaronen. In den 1940er-Jahren kam es jedoch in Mode, am Meer zu wohnen. Vo-

Die Fliesentreppe des Künstlers Selaron gilt als das größte von einem einzelnen Menschen geschaffene Kunstwerk der Welt.

Sie fährt wieder, die nostalgische Straßenbahn, welche aus dem Bild des pittoresken Künstlerviertels Santa Teresa nicht wegzudenken ist.

rübergehend verfiel das Viertel, bis es schließlich von Hippies, Künstlern und Aussteigern entdeckt wurde. Zudem ließen sich viele betuchte Ausländer nieder. Seit Ende der 1990er-Jahre wird das Viertel auch verstärkt von Touristen besucht, besonders Europäer verlieben sich schnell in seinen leicht morbiden Charme.

Schlendern, Schlemmen, Shoppen

Um den **Largo do Guimarães** 1 ist Santa Teresa am reizvollsten und interessantesten. Hier stehen überall schöne Villen; Lokale und Läden locken zu einer kleinen Erkundung zu Fuß. Nur wenige Meter entfernt stoßen Sie in der Rua Paschoal Carlos Magno gleich rechts auf das lauschige, von historischem Gemäuer umsäumte Gartencafé **Cafecito** ❶, das auch ein Feinkostgeschäft und eine Pizzeria mit romantischer Terrasse im Grünen beherbergt. 100 m weiter folgt die **Bar do Mineiro** ❋, eine mit älteren Fotos von brasilianischen Gesangsstars und naiver Bauernmalerei geschmückte Kneipe, die sich zu einem beliebten Treffpunkt entwickelt hat. Allerdings ist es hier meist recht eng und laut, eine Unterhaltung somit schwierig. Entspannter ist es ein paar Schritte zurück im Bar-Restaurant **Simplesmente** ❷ oder in der etwas geräumigeren Eckkneipe **Portella Bar** ❋. Oft stehen die Gäste am Abend ohnehin auf den Gehwegen vor den Bars.

Etwas weiter liegt noch die populäre **Bar do Gomes** ❋. Diese originelle und urige Kneipe, in der sich gern die Einheimischen treffen, war von 1919 bis 2002 ein Kolonialwarenladen, manche Utensilien aus dieser Zeit dienen heute als Dekoration. Von dort geht es wieder zum Largo do Guimarães zurück und dann 200 m rechts hoch bis zum luxuriösen Boutique-Hotel Santa Teresa, dessen Gourmetrestaurant **Térèze** ❸ zu den besten der Stadt gehört und eine fantastische Aussicht bietet. Wer noch keinen Hunger verspürt, kann dort einfach eine Caipirinha trinken.

Wieder unten am Platz angelangt, treffen Sie ein Stück weiter rechts auf die zwei wichtigsten Kunsthandwerksläden des Viertels, **La Vereda** 🛍 und **Zambê** 🛍. Alternativ folgen Sie den Schienen bis zum rot bemalten Lokal **Espírito Santa** ❹ mit einer hübschen Aussichtsterrasse im Freien. Von der 300 m entfernten **Haltestelle Curvelo** 🚊 sind es 5 Minuten zu Fuß bis zum herrlichen **Parque das Ruínas** (ausgeschildert).

Ruinenpark und Museum

Bei dem **Parque das Ruínas** ❸ handelt es sich um die Überreste der früheren Residenz von Laurinda dos Santos Lobo, einer 1946 verstorbenen Aristo-

---

INFOS/ÖFFNUNGSZEITEN

Parque das Ruínas ❸: Rua Murtinho Nobre 169, Di–So 8–18 Uhr, Eintritt frei
Museu Chácara do Céu ❹: Rua Murtinho Nobre 93, www.museuscast romaya.com.br, Mi–Mo 12–17 Uhr, 2 R$ (Mi gratis)

KULINARISCHES FÜR ZWISCHENDRIN

Cafecito ❶: Rua Paschoal C. Magno 121, T 021 34 97 35 79, tgl. 9–23 Uhr. Guter Cappuccino (10 R$), Sandwiches, Snacks, Kuchen (11–25 R$) und Eis.
Simplesmente ❷: Rua Paschoal C. Magno 115, unregelmäßig geöffnet, aber günstige, großzügige Gerichte.
Térèze ❸: Rua Felício dos Santos, Mo–Fr 12.30–15.30, 19.30–22.30, Sa, So 12.30–22.30 Uhr
Espírito Santa ❹: ▶ S. 96

WENN DIE NACHT BEGINNT

Bar do Mineiro 🍸: Rua Paschoal C. Magno 99, Di–So 11–23 Uhr, Gerichte ab 70 R$/2 Pers.

Portella Bar 🍸: Rua Paschoal C. Magno 139, T 021 25 07 51 81, Mi–So 11–24 Uhr
Bar do Gomes 🍸: ▶ S. 105

SHOPPING

La Vereda 🛍: ▶ S. 101
Zambê 🛍: ▶ S. 102

Cityplan: E/F 3/4 | **Tram (Bonde):** ab Terminal das Bondes, Centro | **Bus:** 006 ab Rua Gomes Freire (Lapa) | **Metro:** Glória (dort Taxi)

Nach einem schweren Unfall wurde der Straßenbahnverkehr 2011 eingestellt, das gesamte Sicherheitskonzept der musealen **Bonde** kam auf den Prüfstand. Bei Redaktionsschluss hatte das pittoreske Wahrzeichen einen Probebetrieb aufgenommen: Zu Beginn noch gratis stand der spätere Fahrpreis noch nicht fest (Mo–Fr 6.30–16, Sa 10–18 Uhr, ca. alle 20 Min., max. 32 Pers.). An der Station Carioca gab es nach Wiedereröffnung oft lange Wartezeiten. Gegebenenfalls sollten Sie auf dem Hinweg ab Metrostation Glória mit Taxi/Uber (8–15 R$) nach Santa Teresa fahren und die Bonde auf dem Rückweg benutzen (dann in der Regel keine Schlangen).

kratin und Kunstmäzenin. Heute nutzt die Stadt dieses lauschige Plätzchen für kulturelle Veranstaltungen, wie für stimmungsvolle Konzerte. Von der Dachterrasse der Ruine bietet sich einer der schönsten Ausblicke auf die Bucht von Guanabara, den Zuckerhut, das gesamte Zentrum von Rio und in der Ferne den Christus.

50 m neben dieser Ruine, über eine kleine Brücke zu erreichen, befindet sich das **Museu Chácara do Céu** 4. Hier wohnte von 1958 bis 1968 der Kunstsammler Raymundo de Castro Maya; neben Stilmöbeln und Porzellan sind bedeutende Werke ausländischer und brasilianischer Maler ausgestellt. Die sieben wertvollsten, darunter Originale von Picasso, Matisse, Monet und Dalí, wurden leider gestohlen und nie wieder aufgefunden.

Hinab zur Selarón-Treppe

Vom Ruinenpark ist es per Taxi ein kurzer Weg zur Fliesentreppe. Unterwegs fahren Sie am **Convento de Santa Teresa** 5 vorbei. Mit diesem Kloster begann 1750 die Besiedlung des Viertels, auch der Name geht darauf zurück. Es ist von innen nicht zu besichtigen, bis heute leben hier die Karmeliterinnen in der strengen Glaubenstradition der spanischen Heiligen Santa Teresa d'Ávila. Der Legende nach hatte sich früher eine der Nonnen heimlich ins Karnevalsgetümmel gestürzt, Grund genug, den inzwischen beliebtesten Umzug von Santa Teresa »Bloco das Carmelitas« zu taufen.

Gleich nach dem Kloster führt eine bunte Fliesentreppe bis nach Lapa hinunter. Die **Escadaria do Selarón** 6 ist bereits zu einem Besuchermagnet für Gäste aus aller Welt geworden. Sie ist das Lebenswerk des 2013 unter tragischen Umständen verstorbenen chilenischen Künstlers Jorge Selarón, der hier seit 1990 unermüdlich ohne Entgelt eine öffentliche Treppe mit Fliesen verzierte. 150 Länder sind vertreten, sehr stark auch Deutschland, Österreich und die Schweiz. Selarón freute sich immer, wenn Besucher ihm eine neue Fliese aus der Heimat mitbrachten. Fast immer war er auf seiner Treppe anzutreffen, erkennbar an den roten Shorts und der roten Mütze. Wenn er nicht gerade Fliesen verlegte, folgte er seiner größten Obsession und malte Karikaturen von schwangeren Favela-Frauen. Mehr als 35 000 solcher Bilder hat er geschaffen.

Streifzug durch die besten Samba-Bars – **ein Abend in Lapa**

11

Hier spielt die Musik! Im Ausgehviertel Lapa liegen die meisten und besten Samba-Schuppen der Stadt. In den Straßen rund um das alte Aquädukt herrscht eine vibrierende Atmosphäre, Freitag- und Samstagabend rücken Tausende von Nachtschwärmern an.

Rios wiederbelebtes Nightlife-Viertel

Der Hauptplatz unter den **Arcos da Lapa** `1`, einem 1673 bis 1723 für die Wasserversorgung der Stadt errichteten 270 m langen Aquädukt, war bis Anfang der 1940er-Jahre so etwas wie der Place Pigalle in Paris. Als Spielsalons und Cabarets verboten wurden, begann der Niedergang; die Reichen von Santa Teresa zogen zudem an die Copacabana um. Seit 2000 erlebt Lapa jedoch ein fantastisches Comeback, heute gibt es hier über 50 Musikkneipen und Bars – meist in restaurierten postkolonialen Prachtbauten, die echtes Altstadtflair verströmen.

Die Avenida Mem de Sá

Rund um die **Rua Riachuelo** vor dem Aquädukt ist die Architektur weniger schön, die Szene zeigt

Musik und Samba, Gitarrenspiel, Gesang und Tanz haben die Brasilianer im Blut.

Im Samba-Viertel Lapa unterhalb der Arcusbögen tobt Freitag- und Samstagnacht der Bär, oft sitzt oder steht man auch draußen.

Früher eine Wasserleitung, fährt heute die Straßenbahn drüber: das Carioca Aquädukt, auch genannt Arcos da Lapa.

sich stärker alternativ und es ist auch etwas gefährlich. Gleich hinter dem Aquädukt beginnt jedoch die **Avenida Mem de Sá** mit den besseren Lokalen und überwiegend studentischem Mittelschichtpublikum. Freitags und samstags starten hier ab 22 Uhr die heißesten Nächte Rios. Tausende Einheimische sowie zahlreiche Touristen flanieren auf dieser Partymeile auf und ab und genießen die lockere Straßenfestatmosphäre. An der Kreuzung von Avenida Mem de Sá und Rua do Lavradio befinden sich vier große Eckkneipen, in denen man auf Barhockern draußen sitzen und bei einer Caipi das bunte Treiben verfolgen kann, am besten ist es in der **Boteco da Garrafa** 🌟.

Wer Samba live erleben möchte, hat die Qual der Wahl. Nahe der Kreuzung liegt das kleine **Carioca da Gema** 🌟, das traditionsreichste Lokal des Viertels mit stets gutem Programm. Allerdings sollten Sie hier auf Körperkontakt vorbereitet sein, die Kneipe ist klein, eng und ab 23 Uhr rappelvoll – es gibt nur wenige Sitzplätze und fast alle Gäste tanzen! Die Bar **Café Cultural Sacrilégio** 🌟 ist eine der besten für traditionelle Samba-Livemusik, das Publikum ist gemischt und umfasst alle Altersgruppen. Ein sehr beliebter großer Club mit Billardtischen ist **Lapa 40 Graus** 🌟, mit schickem, attraktivem Publikum und hohem Flirtfaktor. In den unteren Etagen wird Live- und DJ-Musik geboten, im 2. Obergeschoss spielt die Hauptband Samba und Chorinho oder samstags auch mal Foxtrott, Jive und Discofox für Paartänzer.

Am Ende der Rua do Lavradio

Eine zweite Nightlife-Meile, nur 140 m lang und ständig verkehrsberuhigt, liegt ganz am Ende der

Rua do Lavradio, nur 10 Minuten zu Fuß von der Avenida Mem de Sá. Dort reiht sich eine schöne Bar an die andere, vor fast allen kann man auch draußen sitzen.

Zum Einkehren empfiehlt sich das **Rio Scenarium** ✹, der bis heute größte und beliebteste Samba-Laden der Stadt und inzwischen eine eigene Sehenswürdigkeit in Rio. Das Interieur fällt wirklich aus dem Rahmen: Gäste fotografieren erst einmal die mit Antiquitäten gefüllten Räume oder den uralten, noch von Hand bedienten Fahrstuhl. Bühne und Tanzfläche befinden sich unten, in den oberen Etagen ist die Musik jedoch auch zu hören. Die Gäste stammen aus der Mittel- und Oberschicht und sind gemischten Alters, ganze Familien kommen hierher, genauso wie viele Touristen.

Wer nicht hineingehen möchte, kann an der anderen Straßenseite im guten Seafood-Lokal **Mangue Seco** ❶ draußen sitzen und dabei auch die Musik hören und das Treiben beobachten.

ÜBRIGENS

Am Wochenende gibt es meist lange Schlangen vor dem **Rio Scenarium** und dem **Lapa 40 Graus** – kommen Sie am besten noch vor 21 Uhr und reservieren Sie einen Tisch übers Internet oder per Telefon. Im Rio Scenarium und im **Café Cultural Sacrilégio** können Sie vor dem Tanzabend auch erstklassig speisen.

MUSIKLOKALE

Boteco da Garrafa ✹: Av. Mem de Sá 77, T 021 25 07 19 76, Mo–Sa 15–4, So 14–4 Uhr
Carioca da Gema ❷: Av. Mem de Sá 79, T 021 22 21 00 43, www.barcariocadagema.com.br, Mo–Do 19–2, Fr 19–5, Sa 20.30–5, So 21–1 Uhr, Spielbeginn 21 Uhr, Eintritt 25–30 R$. Gute Option für Montagabend, wenn fast alle anderen Musiklokale geschlossen sind. Verkauf von Samba-CDs.
Café Cultural Sacrilégio ❸:
▶ S. 107
Lapa 40 Graus ✹: Rua Riachuelo 97, T 021 39 70 13 38, www.lapa40graus. com.br, Mi 18–1, Do–Sa 18–4 Uhr, Eintritt bis 23 Uhr Frauen 20–30 R$, Männer 30–40 R$
Rio Scenarium ✹: Rua do Lavradio 20, T 021 31 47 90 00, www.rioscenarium.com.br, Di–Do 18.30–3, Fr 19–5, Sa 20–5 Uhr, Di–Do 35 R$, Fr 45 R$, Sa 50 R$, Reservierungen Mo–Sa 9–18

Uhr, 2–3-stündige Liveshows ab 20 und 22.30, Fr, Sa auch 3 Uhr, im oberen Stock Do–Sa ab 24 Uhr Disco. Sehr gutes Essen, Hauptgerichte ab 35 R$.

KULINARISCHES FÜR ZWISCHENDRIN

Mangue Seco ❶: Rua do Lavradio 23, T 021 38 52 19 47, Mo–Do 11–24, Fr, Sa 11–2 Uhr

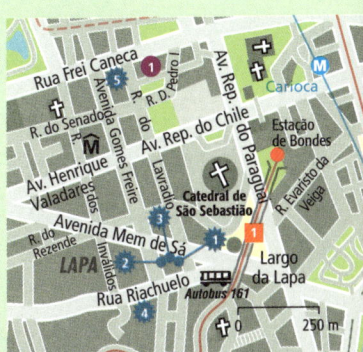

Cityplan: E/F 3/4 | **Bus:** 161 ab Ipanema/Copacabana | Rückfahrt per Taxi

Paris in Rio – **das Zentrum zwischen Opern- und Kaffeehaus**

Am Cinelândia-Platz steht man im Herzen einer Weltstadt, wie sonst nur auf dem Times Square. Kurz nach 1900 entstanden hier die schönsten Kulturpaläste, als ein neuer Bürgermeister seine Liebe für Paris auch in Rio zeigen wollte. An Geld fehlte es nicht, Rio war reich durch den Kaffee, die Kaffeebarone tummelten sich zusammen mit Dichtern und Philosophen in der nahe gelegenen Konditorei Colombo.

An der Praca Floriano, populär Cinelândia genannt, steht Rios prachtvollster Bau, das Theatro Municipal.

Am Cinelândia-Platz

Offiziell befindet man sich an der **Praça Marechal Floriano Peixoto**, doch allgemein hat sich

der Name Cinelândia (»Kinoland«) eingebür-
gert, weil hier in den 1920er-Jahren viele Kinos
eröffnet wurden. Der neoklassizistische, weiß
getünchte **Palácio Pedro Ernesto** 1 (1923) ist seit
1977 Sitz des Stadtrats *(Câmara Municipal)*, der
prachtvollste Bau ist das vom Pariser Opernhaus
Garnier inspirierte **Theatro Municipal** 2 (1909).
Es ist im Innern mit farbigem Kristallglas, das
aus Deutschland stammt, verziert und unter den
Kuppeln prangen die Namen des Dichterfürsten
Goethe (rechts) und des Komponisten Wagner
(links).

Auf der anderen Straßenseite liegen das bedeutende und sehr schöne **Museu Nacional de
Belas Artes** 3 (1908) mit Gemälden, Gravuren
und Skulpturen brasilianischer und europäischer
Künstler aus der Zeit zwischen dem 17. und
20. Jh. sowie die **Biblioteca Nacional** 4 (1910)
mit einem Bestand von 10 Mio. Büchern und
Dokumenten, darunter eine deutsche Bibel von
1462 und das kleinste Buch der Welt (1 cm, das
»Vaterunser« in sieben Sprachen). Leider gelangt
man nicht so leicht zu den Archiven, aber allein
die Eingangshalle mit den hohen Marmorsäulen
und der Jugendstilkuppel ist den Besuch wert.
Am Platz fällt noch ein großes gelbes Haus ins
Auge, in dem sich unten das 1921 gegründete
Lokal **Amarelinho** 1 befindet – ein idealer Ort,
um sich ein wenig auszuruhen und das lebendige
Treiben zu beobachten.

Petroleum, Kathedrale und Kirchen

Danach geht es hinter dem Theater durch die
Avenida 13 de Maio und dann die erste Straße
nach links. Nach 100 m erhebt sich auf der linken
Seite das mächtige würfelförmige Hauptgebäude
der staatlichen Petroleum-Gesellschaft **Petrobras**
5 (1967) und ein kleines Stück weiter geradeaus zeichnen sich die kegelförmigen Umrisse
der **Catedral Metropolitana de São Sebastião** 6
(1976) ab. Die katholische Bischofskirche besitzt
einen Durchmesser von 106 m und ist in der Mitte 96 m hoch. Wegen der Wabenstruktur wird
sie im Volksmund auch spöttisch »der Bienen-
arsch« genannt. Im Innern wirkt sie durch die
vier in Kreuzform ausgerichteten bunten Glas-
fensterzeilen und die Lichtöffnungen bedeutend
freundlicher.

Anschließend laufen Sie wieder zurück bis zum Petrobras-Gebäude, dort über eine Fußgängerbrücke und dann durch eine Unterführung unter dem großen schwarzen Gebäude der staatlichen Kreditbank **Banco Nacional do Desenvolvimento (BNDES)** 7 hindurch. Diese durchqueren Sie schräg nach rechts, bis Sie wieder im Freien sind, danach geht es links durch einen kleinen Park bis zur Treppe der **Igreja de Santo Antônio** 8 (oder: Seiteneingang mit Fahrstuhl). Die 1620 vollendete Kirche ist die älteste der Stadt, trotz vieler Azulejos an den Seitenwänden wirkt sie eher bescheiden. Umso prachtvoller ist die angrenzende barocke **Igreja da Ordem Terceira de São Francisco da Penitência** 9 (1657–1773), das Gotteshaus der franziskanischen Laienkongregation. Die sogenannte »goldene Höhle« ist an den Zedernholzwänden vollständig mit 400 kg Blattgold überzogen, der Boden besteht aus Marmor, das von Caetano da Costa Coelho stammende Deckenbild, die Heiligsprechung des Franziskus von Assis darstellend, gilt als die erste illusionistische Perspektivmalerei Brasiliens.

Das riesige Jugendstil-Kaffeehaus Colombo von 1894 ist ein Muss, und die Drinks und Törtchen sind unwiderstehlich.

Portugiesische Bibliothek und Kaffeehaus Colombo

Unterhalb der Kirche liegt der **Largo da Carioca**, im 17. Jh. noch ein See, heute ein lauter Platz, umringt von modernen Bürohochhäusern. Von hier führt der Weg nach links in die Rua da Carioca, früher eine der wichtigsten Geschäftsstraßen der Stadt, und weiter zur einst bedeutenden **Praça Tiradentes** mit einem Reiterstandbild von Kaiser Dom Pedro I. in der Mitte.

Nach rechts gehend sehen Sie hinter einem kleineren Platz schon von Weitem die neogotische Fassade des **Real Gabinete Português de Leitura** 10. Diese 1887 von Kaiser Dom Pedro II. eingeweihte Bibliothek war ein Geschenk Portugals an Brasilien. Sie fasziniert vor allem durch die kafkaesk anmutende architektonische Gestaltung des Innenraumes. In den Regalen sind ca. 350 000 Bücher zu sehen, darunter viele wertvolle Ausgaben älterer portugiesischer Literatur.

Bei Verlassen der Bibliothek nach links und den großen Platz Largo de São Francisco überquerend, gelangen Sie dort, wo C&A zu sehen ist, in die Rua do Ouvidor. Nach Überqueren der belebten Rua Uruguaiana geht es dann rechts in die Rua Gonçalves Dias bis zur **Confeitaria Colombo ❷**. Rios schönstes und fast im Original erhaltenes Café von 1894 hält allen Vergleichen mit den Kaffeehäusern von Wien, Paris oder Buenos Aires stand. Stilistisch finden sich viele Jugendstilelemente, fast das gesamte Interieur wurde aus Europa importiert, auch die acht gewaltigen Kristallspiegel aus Antwerpen. Untermalt von Klaviermusik bietet sich hier zweifellos das stilvollste Ambiente für eine Mittagspause.

Vom Kaffeehaus ist es nur ein Katzensprung bis zur Praça 15 de Novembro, um die sich der älteste Teil Rios ausbreitet (▶ S. 68).

INFOS/ÖFFNUNGSZEITEN

Ein Besuch empfiehlt sich wochentags oder Samstagvormittag, ansonsten ist das Zentrum eher ausgestorben.
Theatro Municipal ❷: Praça Floriano, T 021 23 32 92 20, www.theatromunicipal.rj.gov.br, Führungen Di–Fr 11.30, 12, 14, 14.30, 15, 16, Sa, Fei 11, 12, 13 Uhr (45 Min.), 20 R$. Sinfoniekonzerte, Ballett, seltener Theater und Oper. Kasse und Start der Führung beim Hintereingang: Rua Evaristo da Veiga, 10–18 Uhr, Tickets für Führungen 30 Min. vor Beginn.
Museu Nacional de Belas Artes ❸: Av. Rio Branco 199, www.mnba.gov.br, Di–Fr 10–18, Sa, So 13–18 Uhr, 8 R$
Biblioteca Nacional ❹: Av. Rio Branco 219, www.bn.br, Mo–Fr 9–19, Sa 10.30–15 Uhr, stdl. Führungen, Zutritt nur mit Ausweis
Catedral Metropolitana de São Sebastião ❻: Av. Chile 245, tgl. 7–17 Uhr, Zutritt in Shorts erlaubt
Igreja da Ordem Terceira de São Francisco da Penitência ❾: Largo da Carioca 5, Di–Fr 9–16 Uhr, 10 R$
Real Gabinete Português de Leitura ❿: Rua Luís de Camões 30, www.realgabinete.com.br, Mo–Fr 9–18 Uhr, lautes Reden untersagt, Fotografieren ohne Blitz erlaubt, Eintritt frei

KULINARISCHES FÜR ZWISCHENDRIN

Amarelinho ❶: Praça Floriano 55, Mo–Sa 11–2, So 11–24 Uhr
Confeitaria Colombo ❷: Rua Gonçalves Dias 32, T 021 25 05 15 00, www.confeitariacolombo.com.br, Mo–Fr 9–19, Sa, Fei 9–17 Uhr. Im 2. OG gutes All-inclusive-Buffet (98 R$ p. P., Mo–Fr 12–16 Uhr), Auffahrt per Fahrstuhl. Unten im Café (Salão Bar Jardim) werden das süße Aushängeschild Pastel de Belém (8 R$), Kaffee, Kuchen, Salate, Sandwiches und Crêpes serviert. In zwei Stehcafés davor gibt es Kleinigkeiten zum Mitnehmen, nebenan im Salão Bilac abgepackte günstigere Gerichte. Im 1. OG über eine Treppe erreichbar ist noch der Salão Cabral (Suppen 13 R$, Mo–Fr 11.45–14.45 Uhr).

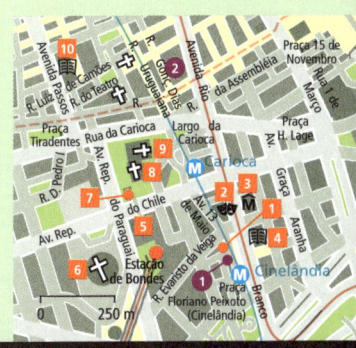

Cityplan: E–F 2–3 | **Metro:** Cinelândia

13

Paläste und Altstadtgassen – **Rios historische Hafengegend**

Das frühere Hafengebiet von Rio, heute ein Unterbezirk des Zentrums, ist unbedingt einen Besuch wert. Dort wohnte und lebte der 1808 aus Lissabon geflohene Hofstaat, man sieht die älteste Kathedrale Rios, den Kaiserpalast, Zollgebäude, Handelskontore, eine der ältesten Handelsgassen und die damals nobelste Geschäftsstraße, die Rua do Ouvidor, wo heute Rios After-Work-Partys stattfinden.

Durch diese Gasse, die Travessa do Comércio, schleppten einst Sklaven Luxuswaren vom nahen Hafenanleger zur noblen Rua do Ouvidor. ·

Wenn man von der verkehrsreichen Rua 1 de Março nahe der **Praça 15 de Novembro** rechts die mächtigen neoklassizistischen Säulen und die abends schön beleuchtete Kuppel des **Palácio Tiradentes** 1 (1926) erspäht, ist der Ausgangspunkt des Rundgangs erreicht. Die große Statue vor dem Gebäude stellt den aus Ouro Preto stammenden Unabhängigkeitskämpfer Joaquim José da Silva Xavier dar, wegen seines Berufs nannte man ihn »Tiradentes« (Zahnzieher). Das Denkmal steht etwa dort, wo sich früher ein Gefängnis und die Zelle befand, in der er 1792 auf seine Hinrichtung wartete. Seit Gründung der Republik (1889) gilt Tiradentes als Freiheitsheld und wurde zum Namensgeber des an dieser Stelle neu errichteten **Parlaments** von Brasilien. Seit dem Umzug der Regierung nach Brasília (1960) dient es als **Landtag von Rio**.

INFOS/ÖFFNUNGSZEITEN

Palácio Tiradentes 1: Rua 1 de Março, T 021 25 88 12 51, Mo–Sa 10–17, So 12–17 Uhr, Eintritt frei
Igreja São José 2: Av. Pres. Antônio Carlos, Mo–Fr 8–17, So 9.30–11 Uhr
Paço Imperial 3: Praça 15 de Novembro 48, Mo–Fr 11–19.15, Sa, So 12–18 Uhr, Eintritt frei. Im Innenhof finden gelegentlich Ausstellungen statt; Café Arlequim Mo–Fr 10–20, Sa nur bis 18 Uhr
Paróquia de N. S. do Carmo da Antiga Sé 4: T 021 22 21 05 01, Mo–Fr 7.30–16, Sa 9.30–12, 8 R$, Messe So 9 und 11 Uhr (Zugang auch über Rua 7 de Setembro)
Igreja Santa Cruz dos Militares 7: Rua 1 de Março 36, Mo–Fr 9–16, Sa 9–13 Uhr
Centro Cultural Banco do Brasil (CCBB) 8: Rua 1 de Março 66, T 021 38 08 20 20, www.culturabancodobrasil.com.br, Mi–Mo 9–21 Uhr, Eintritt frei oder gering
Casa França-Brasil 9: Rua Visc. de Itaboraí 78, T 021 23 32 52 75, www.casafrancabrasil.rj.gov.br, Di–So 10–20 Uhr, Eintritt frei
Igreja de N. S. da Candelária 10: Mo–Fr 7.30–16, Sa 9–12, So 9–13 Uhr

KULINARISCHES FÜR ZWISCHENDRIN

In der Travessa do Comércio und Rua do Ouvidor gibt es mehrere hübsche Restaurants. Ein Stück weiter finden sich in der Rua do Rosário weitere nette Lokale, die ihre Tische im Freien aufstellen, wie die **Brasserie Rosário** 1 (Rua do Rosário 34, T 021 25 18 35 33, www.brasserierosario.com.br, Mo–Fr 11–21, Sa 11–18 Uhr). Im Gebäude der früheren Schatzkammer des portugiesischen Königs erwarten Sie exzellente Gourmetküche und eine gute Weinkarte. Ab 18.30 Uhr wird Do Jazz und Fr Samba-Jazz live gespielt.

NATURKOSMETIK

Granado Pharmácias 2: ▶ S. 100

Zum Karneval wird ganz Rio zu einem einzigen farbenprächtigen Tollhaus.

Die Besichtigung der Innenräume ist kostenlos, eine Ausstellung der geschichtlichen Ereignisse erfolgt in chronologischer Abfolge. Gleich nebenan steht die kleine **Igreja São José** **2**, deren größte Besonderheit eine seltene Josefsfigur auf dem Altar ist.

Imperiales Ambiente an der Praça 15 de Novembro

Neben dem Parlament bzw. Landtag befindet sich der **Paço Imperial** **3** (Kaiserpalast). Der zweigeschossige weiße Bau im Kolonialstil gilt als der am besten erhaltene des alten Rio. Ab 1743 diente er als Gouverneurs- und Vizekönigssitz, 1808 als Residenz des vor Napoleon Bonaparte aus Lissabon geflüchteten portugiesischen Prinzregenten Dom João VI. und von 1822 bis 1889 als kaiserlicher Regierungspalast. Heute beherbergt er ein Kulturzentrum, ein interessantes Laden-Café mit CDs, Büchern und Souvenirs sowie im Innenhof ein schönes Bistro.

Schräg gegenüber vom Kaiserpalast erhebt sich die restaurierte **Paróquia de N. S. do Carmo da Antiga Sé** **4**, die von 1808 bis 1976 als Kathedrale und mitunter auch als Opernhaus diente und auf deren Turm in etwa 30 m Höhe eine Bronzestatue der Nossa Senhora da Conceição (1913) aufragt. Sowohl Dom João VI. als auch Dom Pedro I. und Dom Pedro II. wurden hier gekrönt.

Vor der Kirche bzw. neben dem Kaiserpalast liegt die **Praça 15 de Novembro**. In ihrer Mitte steht ein Reiterstandbild und wenige Meter dahinter ein Brunnen von 1789, **Chafariz do Mestre Valentim** **5**. An dieser Stelle legten noch bis Ende des 19. Jh. die Handelsschiffe an, später wurde der Platz hinter dem Brunnen jedoch aufgeschüttet und betoniert.

Die schönsten Altstadtgassen

Links vom Platz beginnt unter dem Torbogen **Arco do Teles** die wunderschöne frühere Handelsgasse **Travessa do Comércio** **6**, wo sich heute mehrere Straßencafés, Bars und Restaurants befinden, die nach Feierabend zum besten After-Work-Treffpunkt von Rio werden.

Die Travessa führt direkt zur berühmten **Rua do Ouvidor**. Im gesamten 19. Jh. galt im ganzen Land das geflügelte Wort: »Brasilien ist Rio de Janeiro und Rio ist die Rua do Ouvidor«. Es war nicht nur die eleganteste Einkaufs- und Flaniermeile, sondern auch die erste Fußgängerzone der Stadt (1829, heute nicht mehr) sowie die erste Straße, in der eine Gasbeleuchtung (1860) installiert wurde. Noch heute ist sie recht belebt, und von Montag bis Freitag wird auch hier nach der Arbeit kräftig gefeiert (▶ S. 4).

Kultur und Kirchen

Weiter an der Hauptstraße entlang kommen Sie zur **Igreja Santa Cruz dos Militares** `7`, einer der wenigen Rokokokirchen in Rio. Ein paar Meter weiter folgt das **Centro Cultural Banco do Brasil (CCBB)** `8` in einem neoklassizistischen Gebäude von 1880 mit einem beeindruckenden Kuppelsaal, drei Theatern, einem Café, Museum, Bibliothek und einem Teehaus. Höchst interessante Ausstellungen internationalen Rangs sind hier meistens gratis.

Rechts dahinter liegt die ebenfalls sehenswerte **Casa França-Brasil** `9`, das Haus diente von 1824 bis 1944 als Zollgebäude und gilt als bekanntestes Symbol der Neoklassik in Rio, ist aber im Grunde sehr eklektisch, schon die romanischen Säulen zeigen dies. Mitunter finden hier sehenswerte Ausstellungen statt.

Und schließlich sehen Sie bereits gegenüber eine der markantesten Kirchen von Rio, die **Igreja de N. S. da Candelária** `10`. Sie ist innen im Stil der italienischen Renaissance gehalten und damit einzigartig in Rio, von außen beeindruckt sie schon durch ihre schiere Größe.

ÜBRIGENS

Besuchen Sie die Gegend am besten an einem Werktag oder auch samstags, dann findet in der Rua do Ouvidor am Nachmittag sogar eine Samba-Runde statt. Sonntags ist jedoch alles recht ausgestorben und vieles geschlossen.

→ **UM DIE ECKE**

Nur 200 m von der **Igreja de N. S. da Candelária** entfernt liegt die populäre Shoppingmeile **SAARA**. In mehreren quirligen Altstadtgassen (u. a. Rua da Alfândega, Rua Buenos Aires und Rua dos Andradas, Mo–Fr 9–18, Sa 9–14 Uhr) reiht sich ein Billigladen an den anderen, darunter mehrere Havaiana-Läden sowie Geschäfte für Nippes und allerlei Bastelbedarf. In der **Casa Turuna** `1` (Rua Senhor dos Passos 125) werden ganzjährig günstig Karnevalsschmuck und -kostüme angeboten.

14

Kunst, Architektur und herrliche Aussicht – **Niterói**

Das Schönste an Niterói sei der Blick auf Rio, so spotten die Cariocas. Tatsächlich sieht man die vielen Felsen und Hügel von der anderen Seite der Guanabara-Bucht am besten. Doch Niterói bietet neben vielen unvergesslichen Ausblicken auch ein spektakuläres Niemeyer-Museum, Gourmetgastronomie, den erholsamen Parque da Cidade und eine idyllisch gelegene Festung.

Die Fährüberfahrt führt bis zur **Estação das Barcas** 1 in Niterói, 150 m links nehmen Sie am Busbahnhof *(Terminal das Barcas)* Bus 33 bis zur Promenade von Icaraí (Haltestelle »Ingá«). Auf einer Anhöhe erscheint direkt die größte Touristenattraktion der Stadt, das berühmte **Museu de Arte Contemporânea (MAC)** 2 von 1996. Es erinnert an eine fliegende Untertasse, auch wenn sein Schöpfer Oscar Niemeyer dabei an eine Blume gedacht hatte. Auf dem kurzen Fußweg hinauf ergibt sich ein perfektes Postkartenmotiv, nämlich das Museum zusammen mit dem Zuckerhut im Hintergrund.

Der faszinierende runde Bau besitzt oben einen Durchmesser von 50 m, unten am Sockel sind es nur 9 m. Im Innern werden wechselnde Ausstellungen zeitgenössischer Kunst gezeigt. Das eigentliche Kunstwerk ist aber das Gebäude selbst, offizielles Emblem von Niterói. Auch die Lage auf einem Fels-

Von Niterói aus ist Rio am schönsten, wie hier vom Parque da Cidade. In einer einzigartigen Harmonie präsentieren sich fast alle berühmten Felsen des großen Nachbarn.

Cityplan: Karte 5, D/E 2/3 | Fähre: ab Praça XV bis Estação das Barcas, 150 m links
Bus 33 bis Icaraí | Bus: 740 D ab Ipanema (Praça General Osório)/Copacabana (9 R$)

FÄHREN

Estação das Barcas `1`: tgl. 5.30–23.30 Uhr, alle 10–20 Min., 20 Min., 5,60 R$

Estação Hidroviária `6`: Mo–Fr 6.30–20.10 Uhr, alle 15–30 Min., 20 Min., 16 R$

INFOS/ÖFFNUNGSZEITEN

Museu de Arte Contemporânea `2`: www.culturaniteroi.com.br/macniteroi, Di–So 10–18 Uhr, 10 R$ (Mi gratis)

Parque da Cidade `4`: tgl. 9–18 Uhr, Eintritt frei

KULINARISCHES FÜR ZWISCHENDRIN

Tenore Gourmet `1`: Praia de Icaraí 521, www.tenore.com.br, tgl. 11.30– 23 Uhr. Feines Self-Service-Lokal, 85 R$/kg

La Mole `2`: Rua Com. Queiroz 8, www.lamole.com.br, tgl. 11.30–24 Uhr. Brasilianische Küche, preiswerte Gerichte um 30 R$.

Família Paludo `3`: Av. Quintino Bocaiúva 247, www.grupopaludo.com, tgl. 12–24 Uhr

Berbigão `4`: Av. Bento M. da Costa 1275, T 021 27 14 45 55, tgl. 12–23 Uhr

vorsprung an der Bucht und die 360-Grad-Aussicht auf Rio sind spektakulär. Unterhalb eines künstlichen Sees befindet sich ein feines Panorama-Bistro.

Danach geht es hinab an den **Icaraí-Strand** `3` und 2 km an der Promenade entlang (alternativ Bus 33). Unterwegs bieten sich herrliche Aussich-

Niterói bietet herrliche Atlantikstrände, sehr reizvoll sind **Itacoatiara** (in einer Hügel- und Felsenlandschaft) und **Itaipu** (Strandbars, einmaliger Blick auf Rio). Bus 38 fährt von der Estação das Barcas bis Itaipu (1 Std.), kurz davor können Sie bei einem Kreisverkehr aussteigen und 500 m bis Itacoatiara gehen.

ten auf die gesamte Hügellandschaft von den Dois Irmãos bis zur Pedra da Gávea. Am Ende warten die Lokale **Tenore Gourmet** ❶ und **La Mole** ❷.

Alles von oben

Anschließend empfiehlt sich ein Besuch im **Parque da Cidade** ❹. Per Taxi geht es durch atlantischen Regenwald (ca. 35 R\$, einschl. Wartezeit). In 270 m Höhe befinden sich zwei Startrampen für Gleitschirmflieger. Von der einen Rampe reicht der Blick über zwei große Lagunen und die Strände von Niterói, von der anderen über die ganze Bucht von Guanabara und Rio. Links sehen Sie die Copacabana, dann sämtliche Felsen und Hügel und rechts das Zentrum und die lange Brücke. Von einer Café-Terrasse eröffnet sich ein ähnliches Panorama. Nach dem Besuch können Sie sich unten im Stadtteil São Francisco am hervorragenden Self-Service-Lokal **Família Paludo** ❸ absetzen lassen. Daneben liegen weitere Restaurants und Bars, hier ist Niteróis Partymeile.

Abstecher zur Buchteinfahrt

Per Taxi oder mit dem (seltenen) Bus 33 »Fortaleza« können Sie bis ans Ende der Bucht fahren. Der Weg führt auf einer kurvigen Küstenstraße durch die idyllische Fischerkolonie **Jurujuba**, wo sich ein Stopp im schönen Restaurant **Berbigão** ❹ lohnt.

Am Ende der Straße liegt das **Fortaleza de Santa Cruz** ❺, es wurde 1555 von den Franzosen errichtet und war die erste Anlage an der Bucht. 1567 wurde es von den Portugiesen übernommen und später mehrfach ausgebaut. Ein Besuch lohnt sich vor allem wegen des Blicks auf das Meer und die Bucht.

Zurück nach Rio

An der Straße unterhalb des Stadtparks fährt der Bus 740 D nach Rio (auch nachts). Alternativ verkehren Katamarane von der **Estação Hidroviária** ❻, ebenfalls ein Niemeyer-Bauwerk. Oder Sie nehmen einen der vielen Busse mit Aufschrift »Barcas« bis zur **Estação das Barcas** ❶, steigen dort wieder in die Fähre und genießen die langsame Anfahrt auf Rio. Beide Boote legen an Rios Praça XV an, wo Sie noch die alte Hafengegend und den Kaiserpalast besichtigen oder After-Work-Partys besuchen können (▶ S. 68).

Ausflug in die Nordzone – **Maracanã und São Cristóvão**

15

In der ärmeren Nordzone gibt es nur wenige, dafür umso bedeutsamere Attraktionen. Das sind in erster Linie das Maracanã-Stadion und im benachbarten São Cristóvão das National-museum, im 19. Jh. Hauptresidenz der Kaiser-familie. Ganz in der Nähe liegt ein sehenswerter Folkloremarkt.

Das weltberühmte **Maracanã-Stadion** 1 (offi-ziell: Estádio Jornalista Mário Filho) wurde für die erstmalig in Brasilien ausgetragene WM 1950 erbaut. Beim Endspiel Brasilien–Uruguay kamen 199 854 Besucher, immer noch die offi-zielle Rekordmarke. 1969 schoss hier der Super-star Pelé vor gefüllten Rängen sein 1000. Fuß-balltor. Auch viele legendäre Konzertauftritte kennzeichnen die Geschichte des Stadions (u. a. Frank Sinatra, Rolling Stones).

Für die WM 2014 und Olympia 2016 fand ein aufwendiger Umbau statt: Der gesamte Zu-

Feuerwerk zur Eröffnung der Olympischen Spiele im weltberühmten Maracanã-Stadion

Auf der Feira de São Cristóvão wird die Volkskunst des Nordostens feilgeboten, wie hier kleine Heftchen mit Geschichten und Liedern der Vorfahren.

schauerbereich (76 639 Sitze) wurde überdacht, es entstanden neue Logen, dazu 60 Bars und 10 500 Parkplätze. Auf dem schmucken Vorplatz am Haupteingang (Eingang D) reckt Bellini, Kapitän des ersten Weltmeisterteams 1958, als Statue den World Cup in die Höhe. Auf dem Sockel sind die Namen aller bisherigen brasilianischen Weltmeister verewigt.

In der deutschen Fußballgeschichte hat sich das Stadion ohnehin einen Ehrenplatz gesichert. Denn am 13. Juli 2014, im Finale gegen Argentinien, schoss Mario Götze hier mit seinem 1:0 Deutschland zum Weltmeistertitel. Trotz des vorausgegangenen »Schocks von Mineirão«, als die Gastgeber von der deutschen Elf mit 7:1 aus dem Stadion gefegt wurden, stand das brasilianische Publikum im Finale von Rio mehrheitlich hinter den Deutschen. Viele Brasilianer gönnten dem Erzrivalen Argentinien keinen Titelgewinn im eigenen »Wohnzimmer«.

Wer ein Spiel live im Fußballtempel sehen möchte, kann sich Karten auf www.futebolcard. com, an den Stadionkassen oder direkt bei den beteiligten Klubs besorgen. Achten Sie auf den auf der Karte abgedruckten Eingang. Mit der Metro (Station: Maracanã) kommen Sie zu Eingang A. Gegen den Uhrzeigersinn folgen die Eingänge B bis F. Eingang D mit der Bronzestatue liegt gegenüber vom Eingang A (am besten rechts herum gehen).

Schöner Park mit Nationalmuseum

Im nahen Viertel São Cristóvão befindet sich im **Parque Quinta da Boa Vista** **2** das **Museu Nacional** **3** mit mehr als 4000 Ausstellungsstücken. Der einstige Palast Quinta da Boa Vista gehörte 1808 noch einem reichen Sklavenhändler, der ihn im Tausch gegen einen Adelstitel dem portugiesischen Prinzregenten Dom João VI. als Residenz zur Verfügung stellte. Später wohnten hier die Kaiser Dom Pedro I. und II. 1891 wurde der Palast in ein naturkundliches Museum umgewandelt, es gilt heute als das größte dieser Art in Lateinamerika.

Im Eingangsbereich ist der **Meteorito do Bendegó** ausgestellt, der größte auf brasilianischem Boden gefundene Meteorit. Die Sammlung im zoologisch-botanischen Teil gilt als äußerst wertvoll, der archäologisch-ethnologische Teil beherbergt u. a. ägyptische Mumien und Objekte diverser indigener Völker.

Der Park selbst ist an Wochenenden beliebtes Picknickziel für Familien aus der Nordzone und erinnert dann an einen Rummelplatz. Recht nah an der Einfahrt befindet sich in der ehemaligen Kapelle der Kaiserfamilie das **Restaurante Quinta da Boa Vista** , gleich daneben liegt der zurzeit geschlossene **Jardim Zoológico** 4 (ältester Zoo Brasiliens).

→ UM DIE ECKE

Per Taxi sind es nur wenige Minuten bis zur **Feira de São Cristóvão** 5. Auf einer Fläche von 36 000 m² versammeln sich fast 700 Verkaufsstände, Bars und Restaurants sowie Livemusik-Bühnen und etliche Tanzschuppen. Es ist ein ganz eigener Mikrokosmos innerhalb von Rio, geprägt von exotischen Düften, fremden Klängen und bunten Bildern. Beim Schlendern über das Marktgelände finden Sie günstige Souvenirs wie Hängematten, CDs oder Ledersandalen. Wer es nicht bis in den brasilianischen Nordosten schafft, kommt hier ganz nah heran.

Auf dem Markt treffen sich am Wochenende neben vielen Cariocas die aus dem Nordosten Brasiliens migrierten *nordestinos*, die ihr Heimweh stillen, zu vertrauten Forró-Klängen feiern und tanzen und sich in einem der vielen Restaurants an der typischen Nordost-Küche laben. Wer Portugiesisch versteht, kann sich über die Gesangskünstler *(Repentistas)* mit ihren gesungenen Gedichten und Wortgefechten amüsieren. Aufgepasst: Oft werden Zuschauer spontan in die Texte integriert und auf die Schippe genommen.

INFOS/ÖFFNUNGSZEITEN

Maracanã 1: www.maracanaonline.com.br, das Museum war zuletzt nicht in Betrieb, aktuelle Infos über die Website.
Museu Nacional 3: www.museunacional.ufrj.br, Mo 12–16, Di–So 10–16 Uhr, 6 R$. Audio-Guide (Engl.) via Website.
Feira de São Cristóvão 5: ▶ S. 107

KULINARISCHES FÜR ZWISCHENDRIN

Quinta da Boa Vista 1: www.restaurantequintaboavista.com.br, tgl. 10–18 Uhr. Die Kellner tragen Kostüme aus der Kaiserzeit.
Estação Baião de Dois 2: Feira de São Cristóvão, www.baiaodedois.com.br, Di–Do 11–17, Fr, Sa 11–2, So 11–20 Uhr. Spezialität ist Carne de Sol.

Cityplan: A/B 2/3 | **Metro:** Maracanã | **Bus:** 464 ab Leblon/Ipanema/Copacabana bis Maracanã

EINTRITTSKARTEN *in eine andere Welt …*
Neben den spektakulären Museumsbauten
von Niemeyer und Calatrava gibt es in Rio
viele weitere, hier unsere Favoriten:

UND JETZT ENTSCHEIDEN SIE!

Museu Histórico Nacional
Di–Fr 10–17.30,
Sa/So/Fei 14–16 Uhr
Eintritt 10 R$

Interessantes Museum zur Geschichte Brasiliens mit vielen Exponaten aus der Kolonialzeit, dem Kaiserreich und der Republik; darunter Gemälde, Uniformen, Kanonen, Festkutschen, Throne, Oldtimer und Münzsammlungen.

◯ JA ⬤ NEIN   🗺 G 3, www.museuhistoriconacional.com.br

Fundação Eva Klabin
Di–So 14–18 Uhr
10 R$, Studenten und Senioren über 60 Jahre 5 R$, Kinder bis 10 Jahre frei

Die kostbare Kollektion der Kunstsammlerin Eva Klabin (1903–91) umfasst mehr als 2000 Objekte vom alten Ägypten bis zum Impressionismus, darunter Gemälde, Skulpturen, Mobiliar und dekorative Kunst.

◯ JA ⬤ NEIN   🗺 Karte3, D 10, www.evaklabin.org.br

Museu Naval
Di–So 12–17 Uhr
Eintritt frei

Im historischen Gebäude wird die Geschichte der Seefahrt und Marine gezeigt. Beeindruckend: Repliken alter Karavellen aus dem 16. Jh., auch Gemälde und Ausrüstungsgegenstände.
🗺 Karte 4, F 3, www.riodejaneiroaqui.com/portugues/museu-naval.html

◯ JA ⬤ NEIN

Espaço Cultural da Marinha
Di–So 12–17 Uhr
Eintritt 10 R$

Auf dem Gelände des Marine-Museums kann man eine portugiesische Karavelle, ein altes U-Boot sowie ein Kriegsschiff besichtigen; dazu Modelle diverser Handelsschiffe.
🗺 F 2, www1.mar.mil.br/dphdm/espaco-cultural-da-marinha

◯ JA ⬤ NEIN

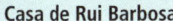

Casa de Rui Barbosa
Di–Fr 10–17.30, Sa/So
14–17.30 Uhr
Eintritt frei

○ JA   ○ NEIN

Das neoklassizistische Wohnhaus mit schönem Garten zeigt noch das historische Mobiliar, die Bibliothek und die Ausstattung, wie sie typisch für die gehobene städtische Mittelklasse dieser Zeit war.

🕮 E 7, www.casaruibarbosa.gov.br

Museu da Imagem e do Som
Mo–Fr 11–17 Uhr

○ JA   ○ NEIN

Das Museum für Bild und Ton soll nach der Eröffnung das meistbesuchte Brasiliens werden. Alles von Bossa Nova bis Samba und die ganze nationale Filmgeschichte, dazu eine Panoramaterrasse mit Traumblick.

🕮 Karte 3, D 10, www.facebook.com/mis.rj

Instituto Moreira Salles
Di–So 11–20 Uhr
Eintritt frei, Veranstaltungen extra

○ JA   ○ NEIN

Dieses Kulturzentrum ist ein schönes Ziel für Liebhaber der Fotografie. In dem modernistischen Haus von 1940 und einem Nebengebäude finden temporäre Ausstellungen statt; höchst anspruchsvolle Werke.

🕮 Karte 5, C 3, www.ims.com.br

Centro Cultural dos Correios
Di–So 12–19 Uhr
Eintritt frei

○ JA   ○ NEIN

Die Post bietet in diesem Gebäude einen beachtlichen Zugang zur Kultur. Unten Theater und kleine Kunstgalerie, in den zwei oberen Stockwerken bedeutende Wechselausstellungen.

🕮 Karte 4, F 2, www.correios.com.br/sobre-correios, Rio-Centro unter »Educação e cultura«

Casa de Cultura Laura Alvim
Mo–Fr 13–22 Uhr
Eintritt je nach Veranstaltung

○ JA   ○ NEIN

Laura Alvim (1902–84) war eine Ikone des künstlerischen Lebens Ipanemas. Das Haus der Kunstmäzenin ist bis heute eine gute Adresse für gehobenes Theater, Kunst und Kino.

🕮 C/D 11, www.casadeculturalauraalvim.rj.gov.br

Rio erfindet sich neu

Als Rio den Zuschlag für die Olympischen Spiele 2016 bekam, begann eine Serie von neuen Stadtprojekten. Das verfallene Hafengebiet wurde völlig neu gestaltet und heißt nun »Porto Maravilha« oder »Wunderbarer Hafen«. Die Infrastruktur wurde stark ausgebaut, im Zentrum wie im Hafenviertel fährt jetzt eine neue Straßenbahn, ein Schnellbus-System wurde geschaffen und die Metro bis in das entlegene Olympia-Viertel Barra da Tijuca ausgebaut, wodurch ein Besuch der dortigen Sehenswürdigkeiten und Strände nun kein großer Aufwand mehr ist.

Architektonische Perle zwischen Zentrum und Hafen

Museu do Amanhã (Museum des Morgen) 🗺 F 1/2

Dieses 2016 eröffnete Museum aus der Feder des spanischen Star-Architekten Santiago Calatrava ist ein Muss für jeden Besucher. Das Gebäude an sich ist die größte architektonische Attraktion Rios. In Form einer Bromelie oder eines Fisch-Skeletts streckt es sich Richtung Wasser und gibt der Hafengegend ein neues Gesicht. Auf dem Dach befinden sich Solar-Panels, die sich je nach Tageszeit neu ausrichten, um das Gebäude optimal mit Energie zu versorgen. Das Atlantikwasser wird zur Kühlung des Museums genutzt und danach gefiltert wieder ins Meer geleitet. Der Stern (Puffed Star II), der vor dem Museum im Wasser liegt, ist eine Spende des nordamerikanischen Künstlers Frank Stella. Er hat 20 Zacken und einen Durchmesser von 6 m.

Ein Museum verschiedener Wissenschaften, welches Fragen zu Gestern, Heute und Morgen verfolgt. Wo stehen wir, wohin gehen wir und auf welche Weise? Nachhaltigkeit und gesellschaftliches Miteinander sind die wichtigsten Themen. Im Erdgeschoss werden Wechselausstellungen gezeigt. Im ersten Obergeschoss durchläuft der Besucher die fünf Bereiche Kosmos, Erde, Anthropozän, Morgen und Uns. Interaktive Schautafeln, Videosequenzen und Projektionen vermitteln Wissen und regen zum Nachdenken an. Das kurze Video im »Kosmos« gibt einen schönen Einstieg in die Ausstellung (Tipp: auf den Boden legen).

Praça Mauá 1, Centro, T 021 38 12 18 00, www.museudoamanha.org.br, Di–So 10–18 Uhr (Kassenschluss um 17 Uhr), 20 R$ (Di frei), 50 % Ermäßigung für Personen bis 21 Jahre, Eintritt frei für Kinder bis 5 Jahre und Erwachsene ab 60 Jahre

Kunst im früheren Hafenstrich

Museu de Arte do Rio (MAR) und Graffiti 🗺 E/F 1/2

An der anderen Seite der schön sanierten Praça Mauá erhebt sich Rios 2013 eröffnetes Kunstmuseum. Architektonisch gelungen ist die Kombination eines modernen mit einem historischen Gebäude. Von der Dachterrasse im 6. OG genießt man zunächst einen fantastischen Ausblick und begibt sich dann zu den darunter liegenden Ausstellungsflächen. Auf vier Etagen sieht man Landschaftsmotive des alten Rio, dann eine internationale Kollektion, darunter abstrakte Malerei und ganz unten einen Mix verschiedener Arten von Gegenwartskunst. Insgesamt überwiegt noch Quantität vor Qualität, das kann sich aber ändern. 300 m weiter auf dem Boulevard Olímpico kommt noch etwas

Im neuen Museum des Morgen wird auch gezeigt, wie bedrohlich das Immer-mehr für unseren Planeten ist.

für Liebhaber alternativer Kunst: die größte Graffiti-Wand der Welt.
T 021 30 31 27 41, www.museudeartedorio. org.br, Di–So 10–17 Uhr, 20 R$ (Di frei)

Südamerikas größtes Aquarium
AquaRio 🗺 D 1
Ende 2016 wurde es eröffnet und besitzt eine Fläche von 26 000 m², 8000 Fische und Meerestiere bzw. 350 Arten, darunter auch kleinere Haie. Der Beginn des Rundgangs befindet sich im 3. OG beim Go Café. Los geht es recht harmlos mit Plankton, Quallen und Sardinen (der »Schokolade der Meere«), alles zu entspannter Loungemusik. In der virtuellen Grotte wird es dann multimedial. Im größten Becken und der Hauptattraktion des Aquariums, dem Tanque Oceánico, verhindert 45 cm starkes Panzerglas das

Auslaufen von 3,5 Mio. l Wasser. Hier tummeln sich 40 Arten, darunter drei Hai- und acht Rochenarten. Das zweitgrößte Becken »Beijupirá« hat immerhin noch 500 000 l Fassungsvermögen. Der Rundgang endet mit einem Überblick über die Welt der Muscheln und der historischen Surfbretter, dazu gibt es einen Souvenirshop. Das Meerwasser wird vor den Cagarras-Inseln durch ein Pumpsystem gefiltert eingeleitet. Ab ca. 11 Uhr Fütterung der Tiere, u. a. der Haie. Alle Informationen sind auch auf Englisch erhältlich. Interessantes Ausflugsziel für Regentage, gut mit der neuen Straßenbahn VLT erreichbar.
Praça Muhammad Ali, Gamboa, T 021 36 13 07 00, www.aquario.rio, tgl. 10–18 Uhr, letzter Eintritt 17 Uhr, 80 R$, Kinder bis 2 J. frei, Unter-18-Jährige 40 R$ (Ausweis vorlegen)

Rio erfindet sich neu

Ein Muss für Fußballfans in Barra da Tijuca

Museu Seleção Brasileira

📖 Karte 5, B 3

Durch die Metro-Erweiterung ist man jetzt schneller da, im entlegenen Westteil der Stadt bzw. dem Viertel Barra da Tijuca. Es ist das neue Rio und wird wegen des amerikanischen Lebens- und Wohnstils auch das Florida Brasiliens genannt. Davon zeugen auch diverse Malls, das Barra Shopping ist sogar die größte Lateinamerikas. Neben vielen Prominenten wohnen hier die Familien mittlerer und höherer Angestellter in vielgeschossigen Hochsicherheits-*Condomínios* mit einem 12 km langen sauberen Strand vor der Haustür. Da keine Hügel den Bauboom begrenzen und noch freie Flächen vorhanden waren, entstand hier 2016 auch der Olympia-Park.

Bereits zur Fußball-WM 2014 eröffnet wurde das Museu Seleção Brasileira. Das Museum zieht heute knapp 3000 Besucher im Monat an. Am Anfang sieht man in einem kleinen Kino einen 7-minütigen Film zur emotionalen Einstimmung mit historischen Szenen aus der brasilianischen Fußballgeschichte: Stolz, Freude, Anspannung, Trauer, Kampf, Euphorie und Freudentränen sind einige der Stationen der emotionalen Achterbahnfahrt. In der Folge durchläuft der Besucher mehrere Stationen, u. a. einen interaktiven Bildschirm zur Fußballgeschichte, eine Projektion zum Samba-Fußball, ein weiteres Video zur Geschichte der Seleção, eine interessante Audiostation mit historischen Radio- und TV-Kommentaren (u. a. auch der WDR das 1:0 von Ronaldo beim Spiel Brasilien gegen Ghana bei der WM 2006, Endstand 3:0) sowie eine weitere interaktive Infostation. Das Museum hat einen eindeutigen Fokus auf die brasilianische Fußballvergangenheit, aber zwangsläufig ist diese mehrmals mit der deutschen verwoben.

Av. Luís Carlos Prestes 130, Barra da Tijuca, T 021 35 72 19 63, www.museuselecaobrasileira. com.br, tgl. 10–17.30 Uhr, 22 R$, alle Touren sind geführt. Anfahrt Linie 4 der Metro bis Haltstelle Jardim Oceânico, anschl. Taxi

Das neue AquaRio ist das größte Salzwasser-Aquarium Südamerikas.

4500 mal brasilianische Volkskunst
Museu Casa do Pontal

Karte 5, A 4

Hinter Barra da Tijuca folgt das Viertel Recreio. Am Ende des Strandes befinden sich ein kleiner Park und die Pedra do Pontal, ein gewaltiger Felsen im Meer. Von dort nur 1 km entfernt liegt das Museu Casa do Pontal. Das bedeutendste Museum zur brasilianischen Volkskunst des Landes zeigt 4500 Exponate von mehr als 200 Künstlern aus 24 Bundesstaaten. Die Sammlung ist dem französischen Designer und Sammler Jacques van de Beuque zu verdanken, in dessen Anwesen die Familie das Museum nach dessen Tod gründete. In 40 Jahren schuf er seine Sammlung, nachdem er nach dem Zweiten Weltkrieg hierher auf Rat seines Freundes, des brasilianischen Malers Cândido Portinari, ausgewandert war.

Die oft humorvollen Figuren und dargestellten Szenen zeichnen sich durch witzige Gesichtsausdrücke aus, insbesondere der aus Pernambuco stammenden Künstler Zé Caboclo und Mestre Vitalino. Die Ausstellung ist thematisch gegliedert, es geht los mit dem Thema Berufe, über Landleben, Lebenszyklen, brasilianische Feste, Spaß und Spiel, Tierwelt bis zu ungewöhnlicher Kunst. Besonders beliebt ist ein hinter einer Tür versteckt hinter den Booten gelegener Raum, in dem die erotischen Kunstwerke ausgestellt sind (Zutritt ab 18 Jahren), viele der Werke regen aber eher die Lachmuskeln an als alles andere. Darüber hinaus gibt es einige prächtige große Werke, wie elektrisch betriebenen Minenarbeiten von Adalton mit insgesamt 62 Figuren, und natürlich die große Sambaparade am Schluss des Rundgangs *(Adalton)*. Schautafeln beschreiben Leben und Werk der wichtigsten Künstler.

Ein Feuerwerk an kreativen Ideen und lustigen Szenen, aber auch an vielen Stellen ein wehmütiger Blick in eine andere Epoche. Ein fantastisches Museum!

Estrada do Pontal 3295, Recreio dos Bandeirantes, T 021 24 90 24 29, www.museucasadopontal.com.br, Di–So 9.30–17 Uhr, 12 R$, am Wochenende Führungen auf Englisch. Für 2018 ist ein Umzug nach Barra da Tijuca geplant (Nähe Alvorada).

Naturstrände und Landsitz mit tropischer Botanik
Sítio Roberto Burle Marx

Karte 5, A 4

Von Recreio geht es an der Strandstraße entlang (2 km) durch ein üppig grünes Naturschutzgebiet bis zur kleinen Prainha, dem vielleicht zauberhaftesten Strand von Rio, völlig unverbaut und eingerahmt von Urwaldhügeln. Viele Surfer tummeln sich im türkisblauen Wasser und am Strandende befindet sich eine sehr einladende große Bar. Ein paar Kurven weiter folgt der ebenfalls schön in die Natur gelegene Strand von Grumari. Der vordere Abschnitt Abricó, Rios einziger offizieller FKK-Strand, wird im Sommer von bis zu 400 Naturalisten besucht (oft Gays). Die beste Stelle in Grumari befindet sich ganz am Ende neben einem ins Meer ragenden Felsen, der auch als Wellenbrecher fungiert. Dort gibt es mehrere Strandbars, in denen Fisch und Meeresfrüchte serviert werden.

Von Grumari aus ca. 5 km entfernt befindet sich der Sítio Roberto Burle Marx. Der Deutsch-Brasilianer, ein Nachfahre aus der Familie von Karl Marx, war der bedeutendste Landschaftsarchitekt Brasiliens. Er lebte von 1973 bis zu seinem Tode 1994 im kleinen Ort Barra de Guaratiba. Sein 365 000 m² großer, urwaldähnlicher Landsitz beherbergt sein Wohnhaus, Kunstateliers, eine Kapelle aus dem 17. Jh., Gärten und Gewächshäuser mit mehr als 3500 Pflanzenarten, darunter einen über hundertjährigen gigantischen Feigenbaum *(figueira)* und spektakuläre Jadepflanzen von den Philippinen – hoch interessant für Naturliebhaber und Freunde tropischer Botanik.

Estrada Roberto Burle Marx 2019, Barra de Guaratiba, T 021 24 10 14 12, www.sitioburlemarx.blogspot.com, englischsprachige Führungen Di–Sa 9.30 und 13.30 Uhr, nur nach tel. Anmeldung, Wegstrecke 2 km, Dauer 1,5 Std., 10 R$

Pause. Einfach mal abschalten

Rio ist eine pulsierende Metropole, doch zugleich mit seinem Nationalpark und dem Parque Lage eine grüne Oase mit viel Schatten und Ruhe. Abgesehen davon gibt es noch eine kleine autofreie Insel und in einer prachtvollen, alten Benediktinerkirche gregorianische Gesänge.

Dschungel nah der Stadt
Parque Nacional da Tijuca
🗺 Karte 5, C 3
Zur Zeit der Entdeckung 1502 war das Gebiet noch ganz von Regenwald überzogen. Nach jahrhundertelangem Raubbau war 1861 der Baumbestand stark zurückgegangen, bis Kaiser Dom Pedro II. eine einzigartige Wiederaufforstungsaktion einleitete. In 14 Jahren wurden von elf Sklaven etwa 80 000 Bäume angepflanzt. Daraus entstand ein ausgedehnter Sekundärwald mit Palmen, Baumfarnen und Epiphyten. An Tieren lassen sich häufig kleine Büscheläffchen (micos), Brüllaffen (macaco prego), Nasenbären, Tangare, Kolibris und Riesenschmetterlinge beobachten. Der 1961 gegründete Nationalpark von Tijuca umfasst 3360 ha und besteht aus vier Teilen. Der stadtnächste Teil, die Serra da Carioca (Setor B), erstreckt sich vom Corcovado bis bis weit hinter den Aussichtspunkt Vista Chinesa, den man vom Botanischen Garten aus recht schnell erreichen kann (▶ S. 38). Ein weiterer Teil des Nationalparks um die Pedra da Gávea (Setor C) reicht vom Stadtteil São Conrado bis Barra da Tijuca.
Der meistbesuchte und mit 15 km² ausgedehnteste Teil des Parks nennt sich Floresta da Tijuca (Setor A, an den sich Setor D Covanca anschließt), er liegt noch weiter außerhalb in nordwestlicher Richtung, der Parkeingang befindet sich an der Praça Afonso Viseu (Alto da Boa Vista, tgl. 9–18 Uhr, Eintritt frei). Kurz nach der Einfahrt hört man das Rauschen von Rios mächtigstem Wasserfall, der Cascatinha do Taunay (40 m), der jedoch in Trockenperioden nur recht schwach tröpfelt. Hier gibt es auch ein Bar-Restaurant namens Cascatinha. Die Straße führt dann erst an der 1863 errichteten kleinen Capela Mayrink vorbei und zu einem schönen Besucherzentrum (centro de visitantes) mit interessanten Fotos und zweisprachigen Informationen zur Flora und Fauna. Auf dem weiteren Weg findet sich das schön gelegene Wald-Restaurant A Floresta. Vom ein Stück weiter liegenden Platz Bom Retiro aus gelangt man in 1,5 Stunden auf einem Waldpfad und über in Felsen gehauene Treppenstufen zum Gipfel des 1021 m hohen Pico da Tijuca, dem höchsten Berg von Rio.
Schwer öffentlich zu erreichen, am besten über eine organisierte Tour, z. B. CS Tour (T 021 996 64 72 74, www.cstour.com.br, 4 Std., 120 R$ p. P.); Mückenschutz nicht vergessen!

Ausflug ins Naturschutzgebiet
Insel Paquetá 🗺 Karte 5, D 1
Paquetá ist eine kleine autofreie Insel (4500 Einw.) in der Bucht von Guanabara, von der man einen herrlichen Blick auf Rio genießt. Ab 1808 residierte im Königspalast Solar D'El Rei der portugiesische Prinzregent Dom João VI., auch andere Angehörige des Hofstaates besaßen hier herrschaftliche Villen. Sehenswert sind die Kapelle São Roque (1698) und der Park Darke de Matos. Die Insel ist recht grün und steht unter Naturschutz. Die Strände, besonders Moreninha und José Bonifácio, sind ebenfalls reizvoll und das Wasser ist in diesem sauberen Teil der Bucht sogar zum Baden geeignet. Ferner bietet Paquetá einen Kunsthandwerksmarkt

Von der Pedra Bonita im Tijuca-Nationalparks starten die Drachenflieger.

(Paquetá das Artes) und ein paar nette Lokale, die man bei Ankunft und auf dem Rundweg leicht findet. Die Erkundung erfolgt zu Fuß, per Mietfahrrad oder in der Pferdekutsche.

Fähren ab Estação das Barcas (Praça 15 de Novembro), am besten 10.30 Uhr, Fahrtzeit 70 Min., Preis pro Fahrt 5,60 R$

Gregorianische Gesänge
Igreja e Mosteiro de São Bento
🗺 F 2
Das auf einem Hügel gelegene Benediktinerkloster dürfen nur männliche Besucher nach Voranmeldung besuchen (T 021 22 06 81 00), die angrenzende Kirche aus dem 17. Jh. steht jedoch allen offen. Sie gehört zu den bedeutendsten Werken des brasilianischen Barock. Die weiß getünchte Fassade mit den zwei Türmen wirkt recht schlicht, im Inneren herrscht jedoch eine kaum zu übertreffende Pracht. Sowohl das Kirchenschiff als auch die acht Seitenkapellen sind vollständig mit vergoldetem Schnitzwerk verziert, welches erst seit Kurzem nach einer mehrjährigen Restaurierung wieder voll zur Geltung kommt. Nur sind die 14 Ge-

mälde des Kölner Benediktiners Ricardo do Pilar (1643–1718) wegen der etwas spärlichen Beleuchtung weniger gut sichtbar. Highlight ist die stets Sonntag um 10 Uhr stattfindende Messe mit gregorianischen Gesängen.

Rua Dom Geraldo 68, Centro, tgl. 7–18 Uhr, Anfahrt per Taxi

ÜBRIGENS

Außer den von einem Engländer angelegten Gärten beeindruckt im **Parque Lage** (🗺 B/C 8) eine alte herrschaftliche Villa, einst Residenz eines reichen Industriellen. Dort ist auch die Escola de Artes Visuais, die Schule der Bildenden Künste, mit dem lauschigen Plage Café (► S. 91) untergebracht.

Jardim Botânico, Rua Jardim Botânico 414, T 021 23 34 40 88, www.eavparquelage.rj.gov.br, Anfahrt per Taxi von Copacabana/Ipanema ca. 25–35 R$, tgl. 8–17 Uhr, Eintritt frei

Die Lage macht's

Die kalte Dusche vorweg: Die bunten, charmant dekorierten und oft von netten Besitzern privat geführten Pousadas (Privatpensionen), die in Brasilien weit verbreitet sind – sie gibt es in Rio kaum. In der 6,5-Millionen-Metropole wohnen Touristen in Hochhaushotels, die aber auch geschmackvoll sein können, in Jugendherbergen oder – vermehrt – in privaten Apartments. Entscheidend ist die Lage!

Die meisten Besucher bevorzugen ein Hotel in Strandnähe, also in den begehrten Vierteln Ipanema und Leblon, Copacabana und Leme. Strategisch günstig ist der Abschnitt Arpoador, von dem aus in wenigen Gehminuten sowohl Ipanema als auch Copacabana zu erreichen sind. Wem weniger am Strand gelegen ist, der kann sich im preisgünstigeren Santa Teresa einmieten, in dem es auch einige Casas gibt, die der Vorstellung einer Pousada am nächsten kommen. Leider ist hier der Transport umständlich und die Strandviertel sind nur mit Bus, Straßenbahn, Metro und/oder Taxi erreichbar.

Die Anziehungskraft von Rio ist jedenfalls ungebrochen, Rio ist in! Die dauerhaft hohe Nachfrage hat extreme Preise zur Folge gehabt, die sich durch den Bauboom zu Olympia und entsprechend größerem Angebot auf etwas niedrigerem Niveau eingependelt haben. Zur Hauptpreiszeit (Dez.–Febr. und Juli/Aug.) ist eine Reservierung ratsam, zu Karneval und Silvester geben viele Hotels Übernachtungen nur in mehrtägigen Paketen ab.

ZUM SELBST ENTDECKEN

Buchung: Die angegebenen Preise (DZ) beziehen sich auf Direktbuchungen. Im Internet und je nach Nachfrage kann dies abweichen. Fragen Sie von April–Juni und Sept.–Nov. nach Ermäßigungen.

Zimmerpreise: Oft unterscheiden sich die Zimmer nur in der Aussicht: am teuersten ist natürlich der direkte Meerblick (*vista frontal*), günstiger ist er seitlich (*vista lateral*) und am wenigsten zahlen Sie mit Blick zur Straße/Garten (*vista rua/jardim*) oder *sem vista* (Blick in den Hof oder auf eine Häuserwand). Fast immer enthalten: ein üppiges Frühstücksbuffet.

Nebenkosten: Zum angegebenen Preis kommt meist noch ein Aufschlag von 5–15 %, manchmal auch eine Tourismuspauschale (2–9 R$/Tag) hinzu – fragen Sie vorher nach dem Endpreis. WLAN ist in allen genannten Hotels gratis.

Wenn dann noch der Meerblick dazu kommt ...

UNTERKÜNFTE

Halb Hostel, halb Pousada
Rio Deal Bed & Breakfast
🏠 E 9

Das ehemalige Hostel bietet jetzt als gemütliches Bed & Breakfast fünf ordentliche Zimmer, alle mit AC, ein kleines Frühstück ist inbegriffen. Das eher jüngere Publikum darf Gemeinschaftsküche und Wohnzimmer mitbenutzen, auf diese Weise begegnet man sich und es ist nicht so anonym wie in einem Hotel. Weitere Pluspunkte: die kleine Terrasse im Innenhof, die für gesellige Runden am Abend zur Verfügung steht, die Lage in Copacabana sowie Angestellte, die Tipps zu Aktivitäten und Ausgehmöglichkeiten geben. Gut für Sportfans: Satellitenfernsehen mit ESPN (u. a. Bundesliga).
Rua Clara 136 A (ohne Schild), Copacabana, T 021 32 08 89 36, www.riodeal.com, Metro: Siqueira Campos, ab 150–180 R$ (Endpreis)

Zu Gast bei Cariocas
Casa da Carmen e do Fernando
🏠 Karte 4, F 4

Schönes Privathaus mit zwei Terrassen und kleinem Pool, von wo aus sich ein herrlicher Blick auf das Zentrum und die Guanabara-Bucht eröffnet. Sieben recht einfache Zimmer, die Eigentümer sind waschechte Cariocas und geben gute Ausgehtipps.
Rua Hermenegildo de Barros 172, Santa Teresa, T 021 25 07 30 84, www.bedandbreakfastrio.com.br, 240–280 R$ (Endpreis)

Villa mit Par
Castelinho 38 🏠 Karte 4, E 4

Gepflegte Pousada eines Italieners in schöner zweistöckiger Villa von 1866 nahe dem Zentrum von Santa Teresa. Oben befindet sich ein großer Saal mit Kunstgalerie. Die zwölf künstlerisch gestalteten Zimmer sind sehr unterschiedlich. Frühstück auf schöner Außenterrasse.
Rua do Triunfo 38, Santa Teresa, T 021 22 52 25 49, www.castelinho38.com.br, 250–340 R$ (Endpreis)

Gute Lage
Atlantis Copacabana Hotel
🏠 Karte 3, D 11

Die in den letzten Jahren renovierten Zimmer gewinnen keinen Designerpreis, sind aber geräumig und ordentlich, zudem ist das Hotel relativ günstig. Vor allem überzeugt die perfekte Lage in einer ruhigen Seitenstraße zwischen Copacabana und Ipanema – zu beiden Stränden sind es nur 5 Min. zu Fuß.
Rua Bulhões de Carvalho 61, Arpoador, T 021 25 21 11 42, www.atlantishotel.com.br, Metro: General Osório, ab 285 R$ (Endpreis)

Im Ausgehviertel
Windsor Martinique 🏠 Karte 3, D 10

Ein Trumpf des freundlichen 3-Sterne-Hotels ist die Lage: wenige Meter vom Strand nahe dem besten Ausgehviertel von Copacabana, und nur wenige Gehminuten bis Ipanema. Die günstigeren Standardzimmer sind kleiner, aber aufgrund des Fensters zum Hof hinaus auch leiser.
Rua Sá Ferreira 30, Copacabana, T 021 21 95 52 00, www.windsorhoteis.com.br, Metro: General Osório, ab ca. 350 R$ (plus 15 %)

Alles picobello
AC Barra Marriott Hotel
🏠 Karte 5, B 3

Neues 4-Sterne-Hotel (2016), die Zimmer sind hübsch dekoriert und der Preis stimmt. Zwar ist der Strand gute 10 Gehminuten entfernt, dafür bietet das Hotel einen gratis Shuttleservice an. Auf dem Dach befinden sich Pool, Bar und Fitnessraum, im EG ein sehr gutes Restaurant (tgl. 12.30–14.30, 19.30–24 Uhr) mit exzellentem Mittagsgericht in drei Gängen (»Prato Executivo«, 41 R$).
Av. Evandro Lins e Silva 600, Barra da Tijuca, T 021 35 12 86 00, www.marriott.com, 380 R$ (plus 15 %, Angebote auf Website)

Alternative im Zentrum
Novotel Santos Dumont
🏠 Karte 4, G 3

Angesichts hoher Preise an den Stränden werden die Hotels im Zentrum zu einer Option. Das Novotel steht für saubere, moderne Zimmer sowie helle und freundliche Einrichtung. Neben der fußläufigen Nähe zum Zentrum, zum Flughafen Santos Dumont und zum Kreuzfahrtterminal sind Gäste mit der Metro auch schnell in Copacabana und Ipanema. Zwei Kinder übernachten gratis im Zimmer der Eltern. Das Haus ist behindertengerecht ausgebaut und legt Wert auf Recycling, Energie- und Wassersparen.

Av. Marechal Câmara 300, Centro, T 021 35 06 85 00, www.novotel.com, Metro: Cinelândia, Mo–Do ab 445 R$, Fr–So ab 345 R$ (plus 5 %, Angebote auf Website)

Unser Favorit
Premier Fashion Arpoador
🏠 Karte 3, D 10
Der Begriff »Fashion« ist kein Zufall, das Hotel wurde von der bekannten Mode-designerin Glória Coelho mitgestaltet. Schon beim Check-in laufen Models mit der neuesten Kollektion über einen Bildschirm. Gäste tauchen also sofort in die Welt der Mode und des Designs ein, dabei ist der Stil minimalistisch und ein wenig futuristisch angehaucht, ebenso sind einige skandinavische Einflüsse auszumachen. Dennoch strahlt das Hotel nichts Kühles aus, im Gegenteil. Dafür sorgen auch die vielen liebevollen Extras, mit denen Gäste verwöhnt wer-den, z. B. die kostenlose Minibar, gratis Leihfahrräder, hochwertige Hygiene-artikel (Trousseau), ein Paar Havaianas für jeden Gast oder das Langschlä-ferfrühstück. Fitnessgeräte und Pool können in einem nahen Studio benutzt werden, ein Spa ist im Hotel vorhan-den. Zum Haus gehört das erstklassige Restaurante da Bela (▶ S. 91), in dem viele Bio-Produkte verarbeitet werden. Auch sonst hat das Hotel einen hohen Öko-Anspruch, zum Beispiel bei Solar-zellen, Duschwasseraufbereitung, oder Verwendung lokaler Produkte, Recycling oder bei der Auswahl der Angestellten, die nach Möglichkeit aus der direkten Umgebung stammen.

Rua Bulhões de Carvalho 337, Ipanema, T 021 36 09 32 00, www.bwarpoadorhotel.com.br, Metro: General Osório, Superior ab 403 R$, Luxo ab 483 R$, Super Luxo ab 652 R$ (plus 5 %)

Clean, cool, einfach gut
Arena Ipanema Hotel
🏠 Karte 3, D 11
Einer der größten Trümpfe ist die hervor-ragende Lage zwischen Copacabana und Ipanema: Beide Strände sind im Nu erreichbar, dazu führt ein kleiner Weg direkt zum Felsen von Arpoador. Das moderne 4-Sterne-Hotel (2016) bietet ansonsten viel Komfort, gute Zimmer (Stil: clean) und freundlichen, aufmerksamen Service. Die Kategorie »Luxo« besitzt einen hübschen Blick in den Park, dessen Pflege das Hotel übernommen hat. Von der herrlichen Dachterrasse im neunten Stock mit kleinem, dreieckigen Pool bietet sich ein schöner Sonnenuntergang vor den Dois Irmãos.

Rua Francisco Otaviano 131, Arpoador, T 021 30 34 15 00, www.arenahotel.com.br, Metro: General Osório, 498–547 R$ (plus 15 %)

Stilvoll und individuell
Ipanema Plaza Hotel 🏠 Karte 3, C 11
Das Designhotel von Golden Tulip im Herzen Ipanemas bietet 140 komfor-table Zimmer (sehr geräumig sind die Kategorien »Luxo« sowie die 37 m² großen Juniorsuiten) sowie eine attraktive Dachterrasse mit Pool, Bar und herrlichem Meerblick. Beliebt beim Gay-Publikum. Frühstück bis 10.30 Uhr, am Wochenende bis 11 Uhr.

Rua Farme de Amoedo 34, Ipanema, T 021 36 87 20 00, www.ipanemaplaza.com.br, Metro: General Osório, ca. 550–690 R$ (plus 5 %)

Im Herzen der Copa
Pestana Rio Atlântica 🏠 Karte 3, E 10
Sehr gutes renoviertes Hotel in bester Lage am Strand, nur wenige Schritte von den Trendbars des Baixo Copa entfernt. Die 247 Zimmer in acht Kategorien bieten teilweise frontalen Meerblick, die Zimmer »Luxo Premium« haben seitlichen Blick aufs Meer und auf Zuckerhut oder Cristo. Die Deck Lounge Bar (▶ S. 105) auf der Dachterrasse ist ein »In-Spot« von Rio.

Av. Atlântica 2964, Copacabana, T 021 25 48 63 32, www.pestana.com, Metro: Cantagalo, 590–980 R$ (plus 5 %)

Vom Pool auf dem Dach des Pestana Rio Atlântica hat man einen herrlichen Blick über die Copacabana.

Erste Strandreihe
Porto Bay Rio Internacional 🏠 F 9
Modernes Hotel an der Strandstraße mit 117 komfortablen, geschmackvoll eingerichteten Zimmern (Typ »Luxo« mit *vista frontal* oder »Superior« mit *vista lateral*, z. T. Balkon). Im 20. Stock wunderbarer Pool mit Marmordeck und Traumaussicht. Auch im Frühstücksraum im 5. Stock herrlicher Panoramablick.
Av. Atlântica 1500, Copacabana, T 021 25 46 80 00, www.portobay.com, Metro: Cardeal Arcoverde, 745–945 R$ (plus 15 %)

Boutique-Hotel
Santa Teresa Hotel MGallery by Sofitel 🏠 Karte 4, E 4
Ursprünglich Traumprojekt (2008) eines französischen Millionärs mit Kunstdekor, tropischem Design sowie 44 unterschiedlich dekorierten Zimmern und Suiten. Pool und Nobelrestaurant Térèze (▶ S. 59) im Garten. Das Hotel liegt an der Straßenbahnlinie nahe Bars, Restaurants und Kunstläden.
Av. Alm. Alexandrino 660, Santa Teresa, T 021 33 80 02 00, www.santateresahotelrio.com, ab 990–1200 R$ (plus 15,5 % und 7 R$/Tag, Frühstück je nach Tarif separat 91 R$ p. P.)

Geschichtsträchtig
Belmond Copacabana Palace 🏠 E 9
Dieser 1923 gebaute und 1986 unter Denkmalschutz gestellte Palast mit 241 Zimmern, 13 Sälen und einem großen Pool im Hof hat den weltweiten Copacabana-Mythos begründet, jahrzehntelang strömte halb Hollywood hierher. Die Standardzimmer wurden renoviert, bieten aber nicht unbedingt den Luxus und die Grandezza, die man erwartet.
Av. Atlântica 1702, Copacabana, T 021 25 48 70 70, www.copacabanapalace.com.br, Metro: Cardeal Arcoverde, ab 990 R$ (plus 15 % und 9 R$/Tag, Frühstück je nach Tarif separat)

ZUM SELBST ENTDECKEN

Restaurantmeilen:
Besonders entlang der Rua Garcia d'Ávila in Ipanema und der Rua Dias Ferreira in Leblon haben sich regelrechte Gourmetmeilen entwickelt. Im wichtigsten Touristenviertel Copacabana stoßen Sie auf einige sehr gute Lokale, achten Sie hier aber auch auf die unvermeidlichen »Tourifallen« (vor allem an der Uferpromenade).

Preise und Trinkgeld:
Für ein Hauptgericht in einem Restaurant der gehobenen Kategorie sollten etwa 50–90 R$ einkalkuliert werden. In mittleren und einfacheren Lokalen werden Sie für weitaus weniger satt (oft reicht eine Portion sogar für zwei). Viele Restaurants offerieren zudem günstige Mittagsgerichte *(prato feito/ executivo)* oder Menüs. Das Trinkgeld ist mit 10 % fast immer automatisch in der Rechnung enthalten; mehr zu geben, ist nicht notwendig.

Churrasco mit Caipi

Rio bietet viele exzellente Lokale der ausländischen Küche, die zu den besten des Landes zählen und sowohl qualitativ als auch preislich mit europäischen Spitzenrestaurants mithalten können. Viel häufiger vertreten sind jedoch einfache populäre Lokale, in denen Sie in lockerer Atmosphäre für kleines Geld speisen. Das Angebot ist dort überall sehr ähnlich (Fleisch, Huhn, Fisch, Reis, Nudeln, kaum Salate und Gemüse) und die Gerichte sind eher quantitäts- als qualitätsorientiert.

Brasiliens Südosten ist besonders dem Fleisch zugeneigt, der Besuch in einer typischen Churrascaria (Rodízio-Grilllokal) darf bei keinem Rio-Urlaub fehlen. Hier bedienen Sie sich für einen Fixpreis am reichhaltigen Buffet und lassen sich von langen Spießen zarte Fleischstücke auf den Teller schneiden. Die besten Stücke (*picanha*/Hüfte und *filé mignon*) werden erst später an den Tisch gebracht.

Was Tropenfrüchte angeht, ist Rio ein Paradies: In zahllosen Bars können Sie bis zu 100 verschiedene frisch gepresste Fruchtsäfte *(sucos)* probieren, z. B. die Amazonasfrüchte Cupuaçu oder Açaí. Nationalgetränk Nr. 1 ist jedoch Bier, das stets eiskalt serviert wird. In letzter Zeit ist auch die Craft-Beer-Welle in Brasilien angekommen, die meisten besseren Lokale haben *cerveja artesanal* im Angebot. Das bekannteste Getränk, die Caipirinha aus Zuckerrohrschnaps *(cachaça)*, trinken allerdings häufiger die Touristen. Trauen Sie sich auch an die anderen wohlschmeckenden Cocktails heran, z. B. Cajuroska (mit Wodka und Cashewfrucht).

Açaí muss man probieren, die Frucht stammt aus Amazonien und erobert schon die Welt.

SO BEGINNT EIN GUTER TAG IN RIO

Straßencafé
Cafeína 🔵 Karte 3, C 10/11
Eines der nettesten Straßencafés von
Rio mit schöner offener Außenterrasse (gut zum *People Watching*) und
exzellenten Torten (10–12 R$). Tolles
Frühstücksangebot, später am Tag
stehen Sandwiches, Salate, Suppen und
Nudeln auf dem Programm.
Rua Farme de Amoedo 43, Ipanema,
T 021 25 21 21 94, www. cafeina.com.br,
tgl. 8–23.30 Uhr

Künstler-Hangout
Plage Café 🔵 B/C 8
Das wunderbare Café (auch als Café
do Lage bekannt) liegt im Innenhof
des schönen Hauptgebäudes des
Lage-Parks, in dem auch die Escola de
Artes Visuais residiert. Hier treffen sich
die Kunststudenten zum Plaudern oder
zum umfangreichen zweiten Frühstück:
»Plage Completo« reicht für zwei
Personen (Mo–Fr 9–12, Sa, So 9–16
Uhr, 72 R$), Brot und Marmelade sind
hausgemacht.
Parque Lage, Jardim Botânico, T 021 25 35 73
36, www.plagecafe.com.br, Mo–Fr 9–20, Sa,
So 9–16 Uhr

Der Saftkönig
BB Lanches 🔵 Karte 3, A 10
Rios bester Fast-Food- und »Saftladen«,
alles wird hier frisch zubereitet. Am
Stehtresen wählen Sie Ihre Lieblingsfrucht aus und entscheiden, ob diese
mit Wasser oder mit Milch, Orangensaft,
Kokoswasser usw. gemischt werden soll
(plus 2–3 R$). Dazu leckere, preiswerte
Snacks.
Rua Aristides Espínola 64 A, Leblon, T 021
22 94 13 97, So, Di–Do 9–3, Fr, Sa 9–4 Uhr,
Fruchtsäfte 8–12 R$, Snacks ab 9 R$

Schnellbistro
Bibi Sucos 🔵 Karte 3, D 10
Das beliebte Schnellbistro serviert
frische Fruchtsäfte und -salate, Crêpes,
Frühstück und Tagesgerichte (um
24 R$). Nette Rio-Panorambilder an
den Wänden und Wellenreiter-Videos
bilden den Rahmen.
Rua Miguel Lemos 31, Copacabana, T 021
25 13 60 00, www.bibisucos.com.br, So–Do
8.30–24, Fr, Sa 8.30–1 Uhr, Säfte ab 6,90 R$,
Açaí ab 7,80 R$, Vitamina de Banana 6,70 R$

NACHHALTIG & LECKER

Freundliches Öko-Lokal
Bio Carioca 🔵 Karte 3, D 10
In diesem sympathischen Familienbetrieb kommt nichts Frittiertes auf den
Teller, dafür gibt es Spezialgerichte für
Allergiker, Veganer & Co. (glutenfreie
Kost, Speisen ohne Milch und Eier etc.).
Am Tresen stellen Sie sich Ihren Teller
zusammen, außerdem täglich wechselnde Spezialgerichte (27–42 R$). Leckere
Nachspeisen, einige ohne Zucker.
Rua Xavier da Silveira 28 A, Copacabana, T 021
25 23 48 20, www.biocarioca.com.br,
So, Mo 11.30–18, Di–Sa 11.30–23 Uhr

Leicht, gesund und hmmm
Restaurante Da Bela
🔵 Karte 3, D 10
Das Restaurant der Starköchin Bela Gil
(Tochter der Musikikone Gilberto Gil)
befindet sich im Hotel Premier Fashion
Arpoador (▶ S. 88). Bela setzt sich
für gesunde Ernährung ein, z. B. durch
Förderung von Schulprojekten. Folglich
kommt hier gehobene brasilianische
Küche unter Verwendung nachhaltig
hergestellter Zutaten auf den Tisch, z. B.
ohne Thunfisch oder raffinierten Zucker.
Stattdessen wird Wert auf natürliche
Produkte gelegt, wie Mandelmilch,
Kokosmilch, Mandelkäse oder Tofu. Die
kleine, aber ausgewählte Karte wird alle
drei Monate erneuert. Versuchen Sie
sich an den tollen Fischgerichten, alle
kommen aus der Region, zum Beispiel
der *cherne* aus Cabo Frio, oder einer
Bananen-Moqueca mit rotem Reis und
Salat. Als Vorspeise sind die mit Baniwa-Chili gewürzten Bananenchips mit
Guacamole-Dip (28 R$) hitverdächtig,
das Gewürz wird von den Baniwa-Indios
nach traditioneller Art am Rio Negro
angebaut. Alle Gerichte sind leicht und und

Eingebettet in den Parque Lage bietet das Plage Café ein wunderschönes Ambiente mit dem Zuckerhut im Hintergrund.

angenehm portioniert – keine Kalorien-bomben, nach denen man nicht schlafen kann. Als Nachtisch sorgen die heißen Kakaobällchen mit Schokosoße und Bananeneis (22 R$) für einen letzten Wow-Effekt!

Rua Bulhões de Carvalho 337, Ipanema, T 021 36 09 32 80, www.restaurantedabela.com.br, tgl. 12–24 Uhr, Hauptgerichte 45–75 R$

Salatparadies
Celeiro Karte 3, A 10
Das Celeiro ist eine eigentümliche Mischung aus Luxusbäckerei und Salatlokal. Das Angebot ist überwiegend vegetarisch, ab 11.30 Uhr gibt es ein erstklassiges, aber teures Salatbuffet (157 R$/kg) und zwei täglich wechseln-de warme Gerichte. Wer nichts essen möchte, trinkt einen Cappuccino auf der Außenterrasse (9 R$).

Rua Dias Ferreira 199, Leblon, T 021 22 74 78 43, www.celeiroculinaria.com.br, Mo–Sa 10–17 Uhr

Strandpause light
Delírio Tropical Karte 3, C 10
Der ideale Stopp für eine Strandpause: Das freundlich eingerichtete Salatlokal liegt genau zwischen Posto 8 und 9, nur einen Block von der Praia. Auf dem Plan steht leichte Kost, Sie wählen aus 15 Salatzubereitungen (17–25 R$) oder bestellen Quiche bzw. Crêpe (9–10 R$), Suppen (9–14 R$) oder einen Veggie-Burger (10 R$).

Rua Garcia d'Ávila 48, Ipanema, T 021 36 24 81 64, www.delirio.com.br, Mo–Sa 11–21, So 11–19 Uhr

Unprätentiös
Empório Saúde Karte 3, C 10
Man kommt nicht gerade wegen des Flairs (eher ungemütlich in einem Einkaufszentrum), sondern wegen der preiswerten und schmackhaften vegeta-rischen Gerichte, die man sich am Tresen zusammenstellen lässt. Im Angebot sind *proteínas* (Huhn, Fisch, Soja-Hamburger

u. a.), *acompanhamentos* (Naturreis, Gemüse usw.) und *saladas*.

Rua Visconde de Pirajá 414, Ipanema, T 021 25 22 14 94, Mo–Fr 12–17, Sa 12–16 Uhr, Mittagsteller um 26 R$

Klein, aber fein
Vegetariano Social Clube
B Karte 3, A 10
Kleines Bio-Restaurant mit Mittagsbuffet (12–17 Uhr, 38–41 R$ p. P.) und abends Gerichten à la carte. Auch Suppen und Sandwiches (18–27 R$).

Rua Conde de Bernadotte 26, Leblon, T 021 22 94 52 00, www.vegetarianosocialclube.com.br, Mo 12–16, Di–Sa 12–23.30, So 12–17.30 Uhr, Hauptgerichte 29–38 R$

INSTITUTIONEN UND SZENETREFFS

Wie bei Freunden
Churrascaria Palace 🕐 F 9
Die traditionsreichste Churrascaria von Rio (seit 1951) wurde vom Großvater des heutigen Besitzers Antonio Saraiva gegründet. Die Geschichte des Lokals, das die gesamte Epoche des Bossa Nova begleitet hat, spiegelt sich in der Dekoration des Hauses wider, besonders die auf Monitoren eingespielten historischen Fotos vermitteln ein Gefühl für die »Goldenen Jahre« Rios in den 1950ern und 1960ern. Persönliches Ambiente, die netten Kellner sind immer für einen lockeren Spruch zu haben. Das exzellente Rodízio umfasst 30 Fleischspieße, dazu Fisch und Meeresfrüchte sowie ein üppiges Salat- und Sushi-Buffet. Sehr gute Nachspeisen und eine der besten Weinkarten in Rio (auch Portweine). Bei Anmeldung über die Website gibt's 10 % Rabatt.

Rua Rodolfo Dantas 16, Copacabana, T 021 25 41 58 98, www.churrascariapalace.com.br, tgl. 12–24 Uhr, 128 R$ p. P.

Fleischpalast
Fogo de Chão 🕐 F 7
Eine der ältesten Churrascaria-Ketten des Landes (Gründung 1979 in Porto Alegre) besitzt heute diese sehr schön gelegene Filiale in Botafogo. Trumpf ist die schöne Außenterrasse mit Blick auf die Bucht von Botafogo und zum Zuckerhut, dort werden aber nur Bar-Food und Getränke serviert (kein Rodízio). Das Fleisch kommt in bester Qualität an den Tisch, das Buffet ist hochklassig, Fisch wird jedoch nicht serviert. Wer Nachschub möchte, dreht das Kärtchen mit der grünen Seite nach oben (»Sim, por favor«), andernfalls die rote Seite (»Não, obrigado«).Wie in allen Churrascarias ist vor der Bestellung auf die Getränkepreise zu achten (kleines Chope 12 R$, Caipirinha 24 R$).

Av. Repórter Nestor Moreira, Botafogo, T 021 25 42 15 45, www.fogodechao.com.br, Mo–Sa 12–23.30, So 12–22 Uhr, Rodízio 128 R$ p. P.

Steak, Fisch und Wein
Giuseppe Grill 🕐 Karte 3, A 10
Das Lokal wurde schon mehrmals als bestes Fleischrestaurant Rios ausgezeichnet. Fleisch und Fisch werden mit einer speziellen Grilltechnik zubereitet, der frische Fang (Preis nach Gewicht) wird täglich von eigenen Harpunentauchern angeliefert. Weitere Beilagen nach Wahl (je ca. 24 R$, sehr gut ist Arroz de Limão Siciliano), dazu 600 Weine zur Auswahl.

Av. Bartolomeu Mitre 370, Leblon, T 021 22 49 30 55, www.bestfork.com.br, Mo–Do 12–16, 19–24, Fr, Sa 12–1, So 12–23 Uhr, Hauptgerichte 64–98 R$ (inkl. einer Beilage)

Ausflug in die Nordzone
Aconchego Carioca 🕐 B 3
Rio besteht nicht nur aus den Touristenvierteln der Zona Sul, wagen Sie sich ruhig mal in die unbekannte Nordzone, auch dort gibt es Interessantes zu entdecken. Wie zum Beispiel dieses Restaurant, das für seine regionale Küche und vor allem die Vorspeisen schon mehrfach ausgezeichnet wurde. Schwerpunkt ist die nordostbrasilianische Küche, die Besitzerinnen stammen aus dem Bundesstaat Paraíba. Als Appetizer empfiehlt sich eine der Bolinho-Varianten, z. B. Bolinho de Baroa com Carne Seca (aus einer Kartoffelart mit Trockenfleisch gefüllt, 32 R$/6 Stck.) oder Bolinho de

Feijoada (mit Bohnen, 30 R$/4 Stck.). Als Hauptspeise käme z. B. Camarão no Coco infrage, Krabben in einer Soße aus der Baroa-Kartoffel in Kokosnuss serviert (95 R$/2–3 Pers.). Eine weitere Spezialität sind die Ales und Craft Biere, die meisten aus nationaler Herstellung. Sehr süffig ist Trópica Bora Bora (Blonde Ale, 26 R$/600 ml), Kölsch-Freunde kommen beim W Kattz auf ihre Kosten (29 R$/600 ml). Ideal zum Warm-up am Samstag vorm Besuch einer Samba-schule.

Rua Barão de Iguatemi 379, Praça da Bandeira, T 021 22 73 10 35, www.aconchegocarioca. com.br, Di–Sa 12–23.30, So 12–18 Uhr

Rios einziges Strandrestaurant

Temporada 🔴 Karte 3, D 11
Die traumhafte Lage an der autofreien Strandpromenade, zwischen Palmen mit Blick auf den Ipanema-Strand, ist besonders abends kaum zu toppen. Spezialität ist der gegrillte Oktopus (*polvo grelhado*, 73 R$). Mittags wird ein 3-Gänge-Menü angeboten (Mo–Fr 12.30–16 Uhr, 58 R$), bei dem zwischen je drei Vor- und Hauptspeisen sowie zwei Desserts ausgewählt werden kann. Auch wenn man nichts essen möchte, ein Besuch auf einen Drink (etwa eine Caipirinha für 25 R$) lohnt schon wegen des Flairs und der einmaligen Aussicht.

Rua Francisco Otaviano 117, Praia do Arpoador, T 021 25 29 10 00, www.hotelarpoador.com/temporada, tgl. 7–10.30, 12.30–23.30 Uhr

Folkloristisch

Brasileirinho 🔴 Karte 3, D 10
Eines der wenigen empfehlenswerten Lokale direkt an der Strandstraße. Als Vorspeise ist Casquinha de Siri (Krebs-fleisch, 19 R$) ein »Muss«, bei den Hauptgängen wählen Sie aus allerlei Landesspezialitäten aus, z. B. eine leicht zubereitete Moqueca (120 R$/2 Pers.) oder Feijoada (75 R$ p. P.). Dazu gibt's von einigen Tischen einen schönen Blick auf Meer und Zuckerhut.

Av. Atlântica 3564, Copacabana, T 021 22 67 31 48, www.cozinhatipica.com.br, tgl. 12–24 Uhr

Leichte Kost

Gula Gula 🔴 Karte 3, C 10
Markenzeichen dieser Rio-Institution sind exzellente Salate (25–46 R$), gute Fleisch- und Nudelgerichte sowie leckere Nachtische (z. B. warme Schoko-Mousse, 17 R$). Kerzen auf den Tischen und leise Musik sorgen für ent-spannte Stimmung in der schönen Villa.

Rua Barão da Torre 446, Ipanema, T 021 22 59 30 84, www. gulagula.com.br, So–Do 12–24, Fr, Sa 12–1 Uhr, Hauptgerichte 34–69 R$

Nationalgericht

Casa da Feijoada 🔴 Karte 3, D 11
Hier kommt die Feijoada täglich auf den Tisch und nicht nur samstags, wie sonst üblich. Das enge Lokal wird gerne von Touristen besucht, doch nur sonntags ist es wirklich voll. Los geht's mit Caldo de Feijão (Bohnensuppe), die geschlürft wird, dazu süßen Fruchtlikör. Bestellen Sie möglichst den Topf mit dem *carne nobre* (»nobles Fleisch«), sonst erhalten Sie die weniger edle Version (Ohren, Zunge, Rüssel, Füße, etc.). Beilagen sind Reis, frittierter Maniok (*aipim frito*), gedünsteter Grünkohl (*couve à mineira*), Orangenscheiben, geröstetes Maniok-mehl (*farofa*), frittierter Bauchspeck (*torresmos*) und Bohnen (*feijão*). Zum Nachtisch: landestypische Süßspeisen.

Rua Prudente de Morais 10 B, Ipanema, T 021 22 47 27 76, www.cozinhatipica.com. br, tgl. 12–24 Uhr, 93 R$ p. P. (inkl. Likör und Nachtisch)

Gegrilltes mit Logenplatz

Via Sete 🔴 Karte 3, C 10
Die Terrasse ist ideal, um das Treiben auf Rios Luxusmeile zu beobachten. Zu guter Musik kommt Gegrilltes oder Salat auf den Tisch, oder gleich beides zusammen: der sogenannte *Combinado* (44–78 R$).

Rua Garcia d'Ávila 125, Ipanema, T 021 25 12 81 00, www.viasete.com.br, So–Mi 12–24, Do–Sa 12–1 Uhr

Der Sandwich-King

Cervantes 🔴 F 8
Das kleine Lokal mit den weiß befrack-ten Kellnern hat eine lange Tradition

Das Nationalgericht Feijoada gibt es samstags überall.

und wurde schon oft für seine riesigen Fleisch-Sandwiches (16–32 R$) prämiert, die stets mit einer dicken Scheibe Ananas belegt sind. Der zugehörige Stehimbiss um die Ecke ist bei Nachtschwärmern äußerst gefragt.

Av. Prado Junior 335, Copacabana, T 021 25 42 92 87, www.restaurantecervantes.com.br, Di–Do 12–4, Fr, Sa 12–6, So 12–2 Uhr, Gerichte ab 40 R$ (für 2 Pers.)

Buffetlokal zum Ersten
Frontera 🍴 Karte 3, D 10
Stellvertretend für die vielen Self-Service-Buffetlokale, die in Brasilien vornehmlich zum Mittagessen aufgesucht werden, sei das Frontera genannt. Im hinteren Teil des schönen Restaurants befindet sich ein vortreffliches Buffet mit Grillfleisch und Sushi. Alternativ dazu gibt es hier auch ein All-you-can-eat-Angebot (60 R$ p. P.).

Rua Visconde de Pirajá 128, Ipanema, T 021 32 89 23 50, www.frontera.com.br, tgl. 11.30–23 Uhr, 65 R$/kg (ab 18 Uhr und am Wochenende 70 R$/kg)

Buffetlokal zum Zweiten
Siqueira Grill 🍴 E 9
Ein weiteres und gepflegtes und modernes Self-Service-Lokal mit Fleisch, Sushi und einem großen, variantenreichen Salatbuffet.

Rua Siqueira Campos 16 B, Copacabana, T 021 22 55 34 46, www.siqueiragrill.com.br, tgl. 11–24 Uhr, 80 R$/kg

Bella Italia
Osteria Dell'Angolo 🍴 Karte 3, B 10
Ein authentisch italienisches Eck-Bistro, das seit 1995 in Rio seine treue Kundschaft bedient. Sehr nette, gemütliche Dekoration (klimatisiert), mit hohen Fenstern zum Fußweg hin. Berühmt ist das Lokal für die exzellenten Vorspeisen, z. B. Couvert da Osteria mit Krabben, Tintenfisch, Polenta, Auberginen, Oliven, Palmherzen usw. (28 R$/2 Pers.). Im Anschluss bieten sich die wirklich guten und nicht zu schweren Nudelgerichte an (die meisten Pastas sind hausgemacht, ab 42 R$): Ravioli, Tortellini oder eine Lasagne mit Krabben. Abgerundet wird

das Essen durch einen der guten und vergleichsweise erschwinglichen Weine, sowie am Ende – wie könnte es anders sein – durch ein köstliches Tiramisu (20 R$). Wer abends nicht mehr das Hotel verlassen mag, z. B. weil es regnet, kann den Lieferservice der Osteria anfordern (Di–So 18–24 Uhr).

Rua Paul Redfern 36, Ipanema, T 021 22 59 31 48, www.osteriadellangolo.com.br, Di–Fr 12–17, 18–24, Sa, So 12–24 Uhr

Zu den Wurzeln der Landesküche
Rayz ⚲ Karte 3, C 11

Das rustikale Restaurant mit viel Holz und einer schönen Außenterrasse am Fußweg serviert Spezialitäten aus mehreren Regionen Brasiliens. Sehr lecker sind die Petiscos, z. B. Pastel da Canastra (8,20 R$), gefüllt mit Käse aus der Canastra-Hochebene in Minas Gerais, mit einem köstlichen Gelee aus frischen Tomaten. Als Hauptgericht wäre die Ente in Reis mit Tucupi aus dem Amazonasstaat Pará eine Option (53 R$). Insgesamt bietet das Lokal ein gutes Preis-Leistungs-Verhältnis, auch günstigere Burger oder Sandwiches (30–40 R$) sind zu haben. Zum Nachtisch schließt der Gâteau Rayz (17 R$/2 Pers.), ein Petit Gâteau im Pott mit Eiscreme, den Magen.

Rua Prudente de Morais 416, Ipanema, T 021 25 22 06 27, www.restauranterayz.com.br, tgl. 12–1 Uhr

EXPERIMENTIERFREUDIG UND UNGEWÖHNLICH

Amazonas-Küche mit Aussicht
Espírito Santa ⚲ Karte 4, E 4

Künstlerisch dekoriert und mit herrlicher Freiterrasse nach hinten. Chefin Natacha Fink serviert hervorragende Gerichte mit amazonischem Einschlag, z. B. die in Kokosmilch fermentierten und mit Jambukräutern gefüllten Tapioca-Kroketten (39 R$/8 Stück) oder das Pirarucu-Filet mit Tucupi und Jambu im Bananenbett (»Descansadinho«, 89 R$). Großartige Vorspeisen, insgesamt wird auf die Verwendung von Bioprodukten Wert gelegt.

Rua Almirante Alexandrino 264, Santa Teresa, T 021 25 07 48 40, www.espiritosanta.com.br, tgl. 12–24 Uhr

As hip as it gets
Brigite's ⚲ Karte 3, A 10

Das moderne Restaurant ist zurzeit der In-Spot auf der Gastromeile in Leblon und zählt zu den hippsten Restaurants der Stadt. Der gefeierte Chefkoch Kiko Faria serviert eine Fusion aus italienischer und zeitgenössischer Küche. Gleich beim Eingang können Sie sich am Tresen einen Drink zum Warmwerden bestellen. Wer mag, kann auch an der Bar essen. Als Vorspeise sind die Spicy Tortillas aus Reis mit leicht scharfer Avocadocreme und Scampi ein Kracher (43 R$/2 Pers.). Oder Gyoza, ein chinesisches Gebäck mit rohem Thunfisch und Trüffelöl (»Crostini«, 39 R$). Die stetig wechselnde Speisekarte bietet sowohl Klassiker als auch kreative Kreationen. I-Tüpfelchen ist der köstliche Cheesecake mit Guavencreme (25 R$). Vielleicht begegnen Sie auch berühmten Musik- und Filmstars, wie dem aus Rio stammenden MPB-Sänger Seu Jorge, der hier gerne regelmäßig einkehrt. Alles wirkt zwar ein wenig eng und gedrängt, aber es ist urig und eben auch Kult.

Rua Dias Ferreira 274 A, Leblon, T 021 22 74 55 90, www.brigites.com.br, Mo 19–24, Di, Mi 12–16, 19–1, Do, Fr 12–1, Sa 13–1, So 13–24 Uhr, Hauptgerichte ab 59 R$

Speisen an der Rennbahn
Victória Rio ⚲ B 9

Hier weht ein Hauch von Rennbahnromantik. Das Lokal liegt im vornehmen Reitclub »Jockey Clube Brasileiro« und serviert Pizzas, zeitgenössische und japanische Küche. Schon für das ausgefallene Ambiente lohnt sich die Anfahrt: Von der Terrasse im 1. Stock bietet sich ein Blick auf die Pferderennbahn, auf der die Vollblüter entlang galoppieren (ungefähre Rennzeiten Fr 17–21, Sa, So 15–21, Mo 17–23 Uhr). Eine super Vorspeise ist Scalinata, eine Art Mini-Calzone, entweder mit getrockneter Tomate, mit Shitake oder mit Parmaschinken und Parmesankäse überbacken (45 R$/2 Pers., 6 Stck.). Die

Die offene Terrasse des Espírito Santa lockt mit zauberhaftem Blick.

dünne Pizza hat einen cremigem Rand mit Käsefüllung (»Splendida«, Putenbrust, 55 R\$/1–2 Pers.). Top sind auch die mit Parmaschinken umwickelten Filé Mignon Medaillons in Dijon-Senfsoße und Fettuccine in Käsesoße (71 R\$/2 Pers.). Zum Nachtisch Petit Gâteau mit Soße aus roten Früchten (30 R\$/2 Pers.). Sehr aufmerksamer Service. Eine Vorspeise mit Hauptgericht ist im Normalfall für zwei Personen ausreichend. Etwas schwer zu finden, deshalb Anfahrt mit Uber/Taxi.

Rua Mário Ribeiro 410, Lagoa, Jockey Club, T 021 25 40 90 17, www.victoriario.com.br, So–Do 19–24, Fr, Sa 19–1 Uhr

Frischer Fang

Satyricon Karte 3, C 10
Rios Top-Adresse für fangfrischen Fisch und Meeresfrüchte, sehr nobel, aber nicht überstylt. Auch Sting und Madonna kehrten hier ein. Unter den auf Eis drapierten Fischen wählen Sie jenen aus, den Sie später verzehren möchten. Gut ist die gemischte Grand Piatto di Mare (185 R\$). Abends reservieren.

Rua Barão da Torre 192, Ipanema, T 021 25 21 06 27, www.satyricon.com.br, So–Do 12–24, Fr, Sa 12–1 Uhr, 74–158 R\$

Für Spanien-Fans

Venga Karte 3, C 10
Wie in Madrid oder Barcelona essen Sie in dieser gemütlichen Tapasbar die kleinen Häppchen (9–39 R\$) gleich am Tresen. Das in Rio recht neue Konzept wurde begeistert aufgenommen, zur Happy Hour ab 17.30 Uhr brummt der Laden.

Rua Garcia d'Ávila 147 B, Ipanema, T 021 22 47 02 34, www.venga.com.br, So–Di 12–24, Mi–Sa 12–1 Uhr

Candle-Light-Dinner

Zazá Bistrô Tropical Karte 3, C 11
Charmantes Restaurant, in dem Sie bei Kerzenlicht auf Kissen am Boden sitzen können. Die Gerichte basieren auf der klassischen Thai-Küche, hinzu kommen marokkanische und brasilianische Einflüsse. Sehr gut ist das gegrillte Fischfilet mit Bio-Palmherzen und Ingwer-Bananenpüree (79 R\$). Der Devil's Cake krönt den Abend (32 R\$, reicht für 2 Pers.). Fürs Abendessen ist eine Reservierung empfohlen (über Website).

Rua Joana Angélica 40, Ipanema, T 021 22 47 91 01, www.zazabistro.com.br, Mo, Di 19.30–0.30, Mi, Do 12–0.30, Fr 12–1.30, Sa 13–1.30, So 13–0.30 Uhr, Hauptgerichte 59–89 R\$

Brasil fürs Handgepäck

Kaum ein Rio-Besucher verlässt die Stadt ohne Erinnerungsstück oder ein Mitbringsel »Made in Brazil«. Besonders gerne werden vor allem Bikinis und Bademode gekauft, außerdem die weltbekannten Flipflops (Havaianas), Schmuck und Edelsteine, brasilianische Musik-CDs, der Zuckerrohrschnaps Cachaça, Fußballtrikots und Kunsthandwerk.

An Wochenenden ist Rio ein Paradies für Flohmarktgänger, Antiquitäten- und Trödelliebhaber und Freunde des Kunsthandwerks. Häufig wird auf den Märkten schwungvolle Livemusik gespielt. Auch die Wochenmärkte mit der großen tropischen Früchteauswahl sollten Sie sich nicht entgehen lassen, auch wenn Sie die Lebensmittel nicht im Koffer mit nach Hause nehmen dürfen (Ausfuhr von Obst ist verboten).

Die klimatisierten Einkaufszentren – in Brasilien schlicht Shopping genannt – sind bei Einheimischen überaus beliebt. Abends dienen die Lokale als Treffpunkte, auch moderne Kinosäle sind meist zu finden. In Barra da Tijuca gilt das Mega-Einkaufszentrum Barra Shopping als das größte Brasiliens. Für viele Touristen jedoch näher und einfacher zu erreichen sind Rio Sul Shopping Centre (▶ S. 24), Botafogo Praia Shopping sowie die beiden edlen Einkaufszentren in Leblon (▶ S. 36). Die meisten Geschäfte öffnen Mo–Fr 10–20 oder 22 Uhr und am Wochenende 10–18 Uhr, große Einkaufszentren am Sonntag erst um 12 oder 13 Uhr.

ZUM SELBST ENTDECKEN

Die exklusivsten Geschäfte von **Ipanema** liegen in der Rua Garcia d'Ávila und der Rua Anibal Mendonça. Entlang der Rua Visconde de Pirajá befinden sich exquisite Galerien mit Buchläden, Cafés und Boutiquen. Eine hohe Dichte an Topläden bieten das Forum Ipanema (Rua Visconde de Pirajá 351) und die Galerie Ipanema 2000 (Rua Visconde de Pirajá 547). Das Pendant im feinen **Leblon** sind die Straßenzüge Avenida Ataulfo de Paiva und Rua Dias Ferreira, wo sich angesagteste Modedesigner niedergelassen haben. In **Copacabana** kauft man etwas günstiger ein. Die Avenida N. S. de Copacabana ist die Haupteinkaufsstraße, aber auch in den Nebenstraßen gibt es nette Geschäfte (z. B. in der Rua Santa Clara). Im **Centro** werden günstigere Waren rund um die Avenida Sete de Setembro und in der populären Einkaufszone SAARA angeboten (▶ S. 71).

Vom Designer Carlos Sobral entworfene, handgemachte Mitbringsel aus Kunstharz

BÜCHER UND MUSIK

Rund um den Bossa Nova
Toca do Vinícius 🛍 Karte 3, C 10
Eine Fundgrube für Liebhaber des
Bossa Nova mit Schallplatten, CDs
und Büchern. Besitzer Carlos Alberto
Afonso ist ein wandelndes Lexikon und
hält auch Vorträge (auf Englisch) zum
Thema, ab und zu veranstaltet er kleine
Sonntagskonzerte vor seinem Laden (ab
ca. 18 Uhr). Daneben auch viele Infos
zu den verwandten Musikstilen Choro
und Samba.
Rua Vinícius de Moraes 129, Ipanema, T 021
22 47 52 27, Mo–Fr 11–19, Sa 10–18, So, Fei
15–18 Uhr

Schmökern bis in die Nacht
Livraria Argumento 🛍 Karte 3, A 10
In dieser bis Mitternacht geöffneten
Buchhandlung lohnt sich der Besuch
auch wegen des angeschlossenen Cafés
Severino. Schmökern und Schlemmen ist
bis eine halbe Stunde vor Ladenschluss
möglich.
Rua Dias Ferreira 417, Leblon, www.livrariaar
gumento.com.br, Mo–Sa 9–24, So 10–24 Uhr

Megastore
Livraria da Travessa 🛍 Karte 3, B 10
Die große Buchhandlung mit allen
erdenklichen Werken, v. a. zu Kunst
und Design, ist stilvoll eingerichtet
und bietet auch CDs, LPs, DVDs und
Geschenkartikel an. Oben befindet sich
das nette Café Bazzar.
Rua Visconde de Pirajá 572, Ipanema, www.
travessa.com.br, Mo–Sa 9–23, So 10–23 Uhr

DELIKATESSEN UND LEBENSMITTEL

Ökomärkte
**Circuito Carioca de Feiras
Orgânicas** 🛍 Karte 3, B 10
Auf diesem schönen Wochenmarkt
werden Freunde von Biolebensmitteln
fündig: Früchte, Kaffee, Eier, Käse, Brote
und Kuchen stehen ebenso zum Verkauf
wie selbstgemachte Marmeladen und
Honig.

Praça Min. Romeiro Neto, Leblon, Do 7–13 Uhr;
Praça N. S. da Paz, Ipanema (Karte 3, C 10), Di
7–13 Uhr; Praça Alm. Júlio de Noronha, Leme
(G 8), Sa 7–13 Uhr, www.feirasorganicas.com.br

Wochenmarkt Nr. 1
Feira da Urca 🛍 G 7
Rios schöner Stadtteil Urca lädt Frühauf-
steher sonntagmorgens – z. B. vor dem
Besuch des Zuckerhuts – zum Marktgang
ein. Klein, ruhig, angenehm und schnu-
ckelig – ein tolles Sonntagsausflugsziel
mit vielen kleinen Delikatessenständen,
wie Santa da Casa, wo Tereza leckere
Pestos und Chutneys verkauft, die sie mit
ihrem deutschen Mann herstellt.
Praça Ten. Gil Guilherme, Urca, So ab 6.30 Uhr

Wochenmarkt Nr. 2
Feira de Ipanema 🛍 Karte 3, D 11
Frisches Obst und Gemüse gibt es auf
dem Wochenmarkt in Ipanema immer
freitags bis zum frühen Nachmittag.
Praça General Osório, Ipanema, Fr ab 6 Uhr

Frische Ware
Hortifruti 🛍 u. a. Karte 3, A 10
Empfehlenswerte Märkte für frisches
Obst und Gemüse, in denen Hygiene
großgeschrieben wird.
Rua Dias Ferreira 57, Leblon, Mo–Fr
7.30–20.30, Sa 8–20, So 8–14 Uhr; Av. Prado
Júnior 281, Copacabana (F 8), Mo–Fr 8–21, Sa
8–20, So 8–14 Uhr

FLOH- UND STRASSENMÄRKTE

Jeden Abend
**Feira de Artesanato de
Copacabana** 🛍 Karte 3, D/E 10
Ähnliche Artikel wie auf dem Hippiemarkt,
nur einfacher und preiswerter, sowie
typische Souvenirs findet man abends auf
dem Mittelstreifen der Avenida Atlântica
zwischen dem Hotel Debret (Nr. 3564)
und dem Rio Othon Palace (Nr. 3264).
Av. Atlântica, Copacabana, tgl. 18–24 Uhr

Antiquitätenmeile Nr. 1
Feira do Rio Antigo 🛍 Karte 4, E 3
Auf dem wohl schönsten Trödelmarkt
der Stadt gibt es neben einer Riesen-
auswahl an antiken Möbeln und tollem

Kunsthandwerk noch Livemusik und Restaurants in unmittelbarer Nähe. Unter freiem Himmel werden auf dem ersten Abschnitt handgearbeitete Taschen, Hüte, Kleidung, Sonnenbrillen und Schmuck angeboten, im zweiten Teil stehen zumeist die Antiquitäten zum Verkauf. Die Atmosphäre gleicht einem echten Straßenfest mit Kleinkunst, Samba und Bossa Nova.

Rua do Lavradio, Lapa (nahe Aquädukt), Metro: Carioca, 1. Sa im Monat 9 bis ca. 18 Uhr

Rios berühmtester Straßenmarkt
Feira Hippie de Ipanema
🛍 Karte 3, D 11
Schon von Weitem sind die mit Perlen bestickten Flipflops, bunte Hängematten und Bikinis zu erkennen. Es liegt nicht nur an der Farbigkeit, dass dieser Flohmarkt den Beinamen »Hippie-Markt« trägt. 1968 haben sich hier wirklich Hippies getroffen, heute sind es vor allem junge Designer, die ihre selbst entworfenen Handtaschen und ausgeflippte Klamotten verkaufen. Dazu gibt es jede Menge Souvenirs, Lederwaren, Halbedelsteine, Schmuck, Keramikartikel und Bilder.

Praça General Osório, Ipanema, So 9–17 Uhr

Bummeln mit Musik
Feirinha na Praça São Salvador
🛍 E 6
Entspannt bummeln die Besucher über den Markt, schlemmen dabei und stöbern in Handwerkskunst und Büchern oder lauschen den aus dem Viertel stammenden Musikern, die ungefähr zwischen 11 und 14 Uhr Chorinho aufspielen. Einen stadtweiten Ruf haben sich die äußerst beliebten Caipirinhas erworben.

Praça São Salvador, Laranjeiras, Metro: Largo do Machado, So 9–18 Uhr

GESCHENKE, DESIGN, KURIOSES

Angesagter Designer
Antonio Bernardo 🛍 Karte 3, C 10
Antonio Bernardo gilt derzeit als größter Schmuckdesigner Brasiliens und gewinnt Preise am laufenden Band.

Allerdings gehen die edlen Stücke auch ziemlich ins Geld (ab 130 R$ bis über 20 000 R$).

Rua Garcia d'Ávila 121, Ipanema, T 021 25 12 72 04, www.antoniobernardo.com.br, Mo–Fr 10–19, Sa 10–16 Uhr

Tasche mit Zuckerhut
Gilson Martins 🛍 E 9
Hier finden Sie die beliebten Mitbringsel in typischem Rio-Design: Taschen, Handtaschen, Accessoires mit Zuckerhut- bzw. Christus-Motiv oder in den Farben der brasilianischen Fahne. Käufer unterstützen überdies eine gute Sache, denn alle Stücke werden in einer Favela hergestellt. Weitere Filialen in Copacabana (Rua Figueiredo Magalhães 304) und Ipanema (Rua Visconde de Pirajá 462).

Av. Atlântica 1998, Copacabana, T 021 22 35 57 01, www. gilsonmartins.com.br, Mo–Sa 9–21, So 10–16 Uhr

Naturkosmetik
Granado Pharmácias 🛍 Karte 4, F 2
Die älteste Apotheke Brasiliens (1870 im Zentrum eröffnet) ist mit ihren hübsch restaurierten Originalvitrinen, den alten Mörsern, Waagen und historischen Werbeplakaten ganz im Stil des 19. Jh. gehalten und eine kleine Sehenswürdigkeit für sich. Viele Zutaten der überwiegend auf natürlicher Basis hergestellten Kosmetikserie stammen aus Amazonien – die himmlisch duftenden Seifen sind ein tolles Mitbringsel!

Rua Primeiro de Março 16, Centro, T 021 32 31 67 46, Mo–Fr 8–20, Sa 10–14 Uhr; Filiale: Rua General Artidas 470, Leblon, T 021 25 12 99 64, Mo–Fr 10–19, Sa 9–19, So 12–18 Uhr, www. granado.com.br

Weltberühmte Sandalen
Havaianas 🛍 Karte 3, C 10
Kaum ein Tourist, der nicht (mindestens) ein Paar der berühmten Flipflops kauft. Von den vielen Filialen in Rio sticht das Geschäft in Ipanema durch ausgefallene Sonderanfertigungen (100–200 R$) hervor, z. B. mit Swarovski-Strasssteinen besetzte Riemen, aber auch die einfarbigen Klassiker mit Brasilien-Flagge (ab 23 R$) sind hier erhältlich. Eine größere

An jedem ersten Samstag im Monat findet in der Rua do Lavradio in Lapa ein Kunsthandwerks- und Trödelmarkt statt.

Auswahl (auch andere Souvenirartikel) finden Sie in Copacabana (Rua Xavier da Silveira 19).

Rua Farme de Amoedo 76 A, Ipanema, T 021 22 67 73 95, www.havaianas.com.br, Mo–Fr 9–20, Sa, So 10–18 Uhr

Brasilianische Folklore
La Vereda 🅱 Karte 4, E 4
Das Souvenirgeschäft hat eine hübsche Auswahl an typisch brasilianischen Artikeln, Taschen, Kleidern, Gemälden und brasilianischer Volkskunst. Viele handgemachte Stücke stammen aus dem Nordosten Brasiliens (Pernambuco).

Rua Almirante Alexandrino 428, Santa Teresa, T 021 25 07 03 17, www.lavereda.com.br, tgl. 10–20 Uhr

Modehochburg
Santa Clara 33 🅱 E 9
Über 200 Geschäfte befinden sich in diesem ungewöhnlichen Einkaufstempel: ein Hochhaus, das sich über 12 Etagen erstreckt. Neben exklusiven handgefertigten Einzelstücken sind auch Sportbekleidung und -zubehör oder

in Massenware hergestellte Souvenirs zu finden. Außerdem viel Kurioses und Interessantes, wie der charmante Laden Loucos por Óculos (6. OG, Loja 607), der aus Brillengestellen verschiedener Marken sowie aus eigener Herstellung Sonnenbrillen im Retro-Look fertigt. Oder die Designerin Camila Yarda, die im 4. OG (Loja 468) in ihrem Atelier schöne Taschen und Accessoires aus Leder anbietet. Ein Shoppingerlebnis, das aus der Reihe tanzt.

Rua Santa Clara 33, Copacabana, T 021 25 49 48 20, www.santaclara33.com.br, Mo–Fr 9–18, Sa, So 9–16 Uhr

Schmuck aus buntem Kunstharz
Sobral 🅱 E 9
Die vom Designer und Althippie Carlos Sobral entworfenen Schmuckstücke sind weit über die Grenzen Brasiliens hinaus bekannt: 2007 wurden sie im Pariser Louvre ausgestellt und mit Karl Lagerfelds Kollektion auf der Fashionweek getragen. Gefärbt und in Form gegossen wird das Kunstharz in Handarbeit in einer Fabrik in der Nähe

Fliegender Händler in Arpoador nahe Ipanema mit vielen knappen Bikinis

von Rio. Dabei wandert nichts in den Müll, alles wird verwertet. Die Kollektionen sind als eigenständige Hommagen gedacht, die bisher bekannteste war der Pop Art gewidmet. Gekauft werden können Ohrringe (ab 30 R$), Ketten (bis 1700 R$), kleine Souvenirs oder auch Hocker – schöne Erinnerungsstücke an Rio. Weitere Filialen u. a. an den Flughäfen und im Rio Sul Shopping Centre (▶ S. 24).

Rua N. S. de Copacabana 706, T 021 25 49 33 20, www.sobraldesign.com.br, Mo–Fr 9–20, Sa 9–18 Uhr

Volkskunst

Zambê 🛍 Karte 4, E 4

Auch in diesem geschmackvollen Laden finden Sie kreative, typisch brasilianische *arte popular*, z. B. besonderen Federschmuck, aber auch schöne Kleidung, Geschenke und Souvenirs.

Rua Almirante Alexandrino 402 B, Santa Teresa, T 021 38 52 78 09, tgl. 10–20 Uhr

MODE UND ACCESSOIRES

Rios Bikini-Pionier

Bumbum 🛍 F 8

Die bekannte Strandmodenmarke mit dem treffenden Namen »Po« bzw. »Hintern« hat jede Menge ausgefallene Bikinis und Bademoden für Männer und Frauen im Sortiment. Seit den 1980er-Jahren gilt Bumbum als Rios Bikini-Marke schlechthin.

Rua Lauro Müller 116, 4. Stock, Loja 401 (im Rio Sul Shopping Centre), Botafogo, T 021 25 42 96 14, www.bumbum.com.br, Mo–Sa 10–22, So, Fei 15–21 Uhr

Scharfe Nasenfahrräder

Chilli Beans 🛍 E 9

Die Idee von Caito Maia, dem aus São Paulo stammenden Gründer der Marke: Stylische Brillen zu einem bezahlbaren Preis. Laut Caito sollten Brillen wie Schuhe sein, zu jedem Outfit ein anderes Modell. Mittlerweile gibt es über 600 Läden weltweit. Jeden Donnerstag werden neue Modelle geliefert.

Rua Santa Clara 75, Copacabana, T 021 25 47 72 44, www.chillibeans.com, Mo–Fr 9–20, Sa 9–19 Uhr

Jeans de luxe
Ellus 🔒 Karte 3, C 10
Die große Jeans-Kette mit Filialen im ganzen Land führt auch Schuhe, Taschen und Gürtel für sie und ihn. Wer Wert auf Stil und edle Ware legt, ist hier richtig.

Rua Garcia d'Ávila 73, Ipanema, T 021 25 22 76 49, www.ellus.com, Mo–Sa 10– 20 Uhr

Junge Damenmode
Farm 🔒 Karte 3, C 10
Das legendäre Geschäft im Untergeschoss ist ein Muss in Sachen junger Damenmode. Farblich sortiert gibt es auch dazugehörige Accessoires, oft im Retrostil. Die Kette betreibt insgesamt 13 Geschäfte in Rio.

Rua Visconde de Pirajá 365, Lojas C und D, Ipanema, T 021 998 34 44 86, www.farmrio.com. br, Mo–Fr 9– 21, Sa 9–19, So 12–18 Uhr

Flippig, aber exquisit
Gilda Midani 🔒 Karte 3, A 10
Direkt neben der Bücherei Argumento liegt unscheinbar der Eingang zum Designerhaus Leblon. Über mehrere Stockwerke verteilt gibt es hochwertige und teure Designerartikel, v. a. Kleider und Taschen. Die bekannte Designerin Gilda Midani hat zuletzt die Tie-Dye-Färbetechnik in die Welt der Luxusmode eingeführt. Ihre exquisiten Einzelstücke werden bevorzugt aus bester Seide, Baumwolle oder Leinen gefertigt. Auch Haushaltsgegenstände (Bettlaken, Servietten usw.).

Rua Dias Ferreira 417, Leblon, Loja 304, T 021 25 12 93 31, www.gildamidani.com, Mo–Fr 10–19, Sa 10–14 Uhr

Leder
Patrícia Viera 🔒 Karte 3, A 10
Patrícia Viera arbeitet seit über 20 Jahren ausschließlich mit Leder. Ihr Name ist in ganz Brasilien und auch international ein Begriff, charakteristisch für

ihren Stil sind die kunterbunten, jedoch auch sündhaft teuren Damenjackets *(Jaquetas)* und die eleganten Kleider.

Rua Dias Ferreira 417, Loja 401, Leblon, T 021 25 12 94 67, www.patriciaviera.com, Mo–Fr 10–19, Sa 10–14 Uhr

Flower-Power
Pepper 🔒 Karte 3, C 10
Sehr schöne Mode für Frauen, größtenteils jugendlich und ein wenig flippig. Der Name kommt nicht von ungefähr, der Gründer war ein glühender Beatles-Verehrer, der dem damaligen Hippie-Gedanken Ausdruck verleihen wollte.

Rua Visconde de Pirajá 295 A, Ipanema, T 021 22 87 86 81, www.facebook.com/pepper.rio, Mo–Fr 9–20.30, Sa 9–19, So 11–18 Uhr

Jung und exklusiv
Salinas 🔒 Karte 3, C 10
Salinas steht für junge, exklusive Strandmode. Weitere Läden befinden sich in der Galeria Ipanema 2000 (Nr. 547, Loja 204/205) sowie in den Einkaufszentren Rio Sul (► S. 24), Barra Shopping und Rio Design Leblon (► S. 37).

Rua Visconde de Pirajá 351, Loja 120 (Forum Ipanema), Ipanema, T 021 22 27 05 23, www. salinas-rio.com.br, Mo–Fr 10–20, Sa 10–18 Uhr

Damenschuhe
Schutz 🔒 Karte 3, C 10
Bei Schutz werden (Damenschuh-)Träume wahr: Hochwertig und trendig designt – die farbenfrohe Sommerkollektion ist jedes Jahr wieder hübsch anzuschauen.

Rua Garcia d'Ávila 130, Ipanema, T 021 32 98 92 80, www.schutz.com.br, Mo–Fr 10–20, Sa 10– 19, So 12–18 Uhr

BIKINI GEFRAGT?

Es lohnt sich, auch einen Blick auf die Angebote der fliegenden Händler an den Stränden von Copacabana und Ipanema zu werfen. Bikinis, nach Wunsch verschieden kombinierbar, Strandbekleidung und Tücher sind oft günstig zu haben.

ZUM SELBST ENTDECKEN

Hauptstadt der Gays

Rio wurde mehrmals zur gay-freundlichsten Stadt der Welt gewählt, etwa 25 % der ausländischen Touristen sind dem GLS-Publikum zuzurechnen (GLS = *gays, lésbicas e simpatizantes*). Wichtigstes Zentrum ist Ipanema, besonders entlang der Rua Farme de Amoedo.

Club-Besuch

In Bars/Clubs mit Eintritt erhalten Gäste eine Konsumkarte, auf der der Verzehr gespeichert wird. Den Gesamtbetrag (inkl. 10 % Trinkgeld) zahlen Sie am Ende an der Kasse (oft Wartezeiten). Aufpassen: Bei Verlust der Karte wird ein »Schätzwert« in Rechnung gestellt.
Bei manchen Events können Sie sich über Facebook auf die Gästeliste (*Lista Amiga*) setzen lassen. Dazu tragen Sie sich auf der jeweiligen Pinnwand ein, Ihr Name ist dann registriert und bei Eintritt erhalten Sie eine Ermäßigung.

Rhythmen für jeden Geschmack

Cariocas gehen gerne und häufig aus. In geselliger Runde trinkt man reichlich Bier, doch auch eine umfangreiche Speisekarte gehört in einer brasilianischen Bar immer dazu. Über fehlendes Nightlife können sich Besucher somit in Rio kaum beklagen, die Zahl der Bars (botecos oder botequins), Tanzlokale (danceterias, boates), Discos (discotecas) und Clubs (clubes) ist beachtlich.

Musik spielt in Rio eine wichtige Rolle, meist in Form von Livebands oder Solo-Gitarristen. Typische Musikstile sind Samba, Bossa Nova, Pagode und Chorinho; auch brasilianischer Pop (*Música Popular Brasileira*, kurz MPB), Rock oder regionale Tanzmusik wie der aus Nordostbrasilien stammende Forró sind oft zu hören. Die Vorstadtjugend schwört auf Funk Carioca, eine Musikrichtung, die aus den Armenvierteln von Rio stammt. Nordamerikanische Radio-Hits sind dagegen selten zu hören.

Das Nightlife-Zentrum liegt in Lapa. Dieses ältere Bohème-Viertel ist mit mehr als 50 Lokalen die Ausgehmeile Rios, am häufigsten wird hier Samba gespielt. In den Atlantikvierteln finden sich trendige, aber nicht ganz billige Bars, in denen jüngeres, gestyltes Publikum verkehrt, aber es gibt kaum Tanzlokale. Die After-Work-Partys in der Rua do Ouvidor im Zentrum sind an Wochentagen am frühen Abend eine gute Option. Ungezwungene Straßenfeste mit Live-Pagode gibt es mehrere, das beste steigt montagabends an der Pedra do Sal.

Die alteingesessene Bar Jobi in Leblon ist ein beliebter Treffpunkt.

BARS UND KNEIPEN

Treff der Locals
Armazém São Thiago (Bar do Gomes) ☼ Karte 4, E 4
Die populärste Einheimischen-Kneipe des Viertels ist besonders urig-rustikal, von 1919 bis 2002 war sie ein Kolonialwarenladen (man sieht's noch). Preiswerte Getränke (darunter 100 Cachaça-Sorten), köstliche Salgados (5–8 R$) und üppige Salami- oder Mortadella-Sandwiches (25 R$).
Rua Áurea 26, Santa Teresa, Mo–Sa 12–24, So 12–22 Uhr

Hallo, Herr Nachbar
Chico & Alaíde ☼ Karte 3, A 10
In der beliebten Stadtteilkneipe versammelt sich die Nachbarschaft aus Leblon, unterstützt von Cariocas und Touristen, gemeinsam freut man sich an der lauten und feuchtfröhlichen Stimmung, einem guten *petisco* »Choquinho« (19 R$) und einem frisch gezapften Brahma (7,50 R$/300 ml).
Rua Dias Ferreira 679, Leblon, T 021 25 12 00 28, www.chicoealaide.com.br, Mo–Sa 11–1, So 10–22 Uhr

Magic Moments
Deck Lounge Bar ☼ Karte 3, E 10
Von der romantisch beleuchteten Lounge Bar auf der Dachterrasse des Pestana Hotels bietet sich ein sagenhafter Rundblick auf die Bucht von Copacabana. Freitags und samstags legt ein DJ auf. Sehr gute Cocktails, frisch gezapftes kühles Chopp und exzellente Snacks *(petiscos)*. Im Restaurant im Innenbereich können Sie auch zu Abend essen und zwischen je drei Vorspeisen, Hauptgerichten und Desserts wählen (69 R$ p. P., Getränke extra).
Av. Atlântica 2964, 13. OG im Pestana Hotel, Copacabana, T 021 25 48 63 32, So–Mi 20–24, Do 17–24, Fr, Sa 20–4 Uhr

Typisch Rio
Jobi ☼ Karte 3, A 10
Die portugiesischen Besitzer Manoel und Narciso servieren seit 1956 tolle

panierte Shrimps in ihrer bereits zur Institution gewordenen kleinen *boteco*, vor der sich an Wochenenden die Stammgäste aus der Nachbarschaft versammeln. Im Herzen von Leblon gibt es Brahma chope (8,50 R$/300 ml), exzellente *petiscos* ab 22 R$ und günstige Tagesgerichte (33–45 R$, bis 16 Uhr).
Av. Ataulfo de Paiva 1166 B, Leblon, T 021 22 74 05 47, tgl. 10–4, Fr, Sa bis 6 Uhr

Coole Gastro-Bar
Meza Bar ☼ D 8
In die moderne, noch recht junge Bar in der Nähe der Lagune strömt das trendige Mittelschichtpublikum in Scharen. Landesweit berühmt sind die Cocktails in zum Teil gewagten Geschmacksrichtungen wie »Bonfim« mit Ananas, Preiselbeere, Maracuja und Pfefferschote (26 R$). Dazu werden leckere *petiscos* aus frischen Zutaten serviert. Auch für ein Dinner hervorragend geeignet, das Essen ist exquisit.
Rua Capitão Salomão 69, Humaitá, T 021 32 39 19 51, www.mezabar.com.br, Mo–Do 18–1, Fr 18–3, Sa 11–3, So 11–1 Uhr

Open-Air-Lounge mit Tanz
Palaphita Gávea ☼ Karte 3, A 10
Einer der angesagtesten Spots in Rio, von den Besitzern der Palaphita Kitch Lagoa eröffnet, liegt am Rande der Pferderennbahn Jockey Club. Bis 22 Uhr finden alle 30 Min. Rennen statt, auf die man wetten kann. Sehr nettes Open-Air-Lounge-Ambiente, das sich aber erst richtig entfaltet, wenn die Flutlichter der Rennbahn ausgeschaltet sind. Am Wochenende quillt die Tanzfläche über.
Av. Bartolomeu Mitre 1314, Gávea, T 021 31 14 08 53, www.palaphitakitch.com.br, Mo 16–1, Do 20–4, Fr 18–4, Sa 16–4, So 16–1 Uhr, Eintritt bis 40 R$ und mehr, je nach Veranstaltung und Uhrzeit (je früher, desto günstiger)

Kult
Adega Pérola ☼ E 9
Seit den 1950er-Jahren werden hier portugiesische Leckereien aufgetischt. In einer langen Vitrine liegen in Soßen eingelegte Meeresfrüchte und andere *petiscos*, die die Gäste sich nach

In der Academia da Cachaça gibt es Zuckerrohrschnäpse ohne Ende.

Wunsch zusammenstellen lassen. Dazu ein Baguette zum Tunken, ein gutes Getränk und nette Gesellschaft – fertig ist der gelungene Abend. Die Adega zieht Jung und Alt an, abends ist ein Sitzplatz nicht garantiert.
Rua Siqueira Campos 138, Copacabana, T 021 22 55 94 25, Mo–Sa 11–1 Uhr

Glückliche Stunden
Academia da Cachaça ☼
Karte 3, A 10
Beliebter Ort zur Happy Hour (Mo–Fr 15–21 Uhr). Im Angebot sind dann sehr gute Caipirinhas (9,50 R$) und andere Drinks, natürlich alle mit Cachaça gemischt, wie Cocada Geladinha (19 R$). Die frittierten Snacks sind zwar keine leichte Kost, lassen sich aber sehr gut mit den exzellenten Getränken runterspülen. Lecker: Caldo de Feijão im Schälchen (10,90 R$/100 ml).
Rua Conde de Bernadotte 26, Leblon, T 021 22 39 15 42, tgl. 12–1 Uhr; Av. Armando Lombardi 800, Condomínio Condado de Cascais, Barra da Tijuca, T 021 24 92 11 59, www.academiada cachaca.com.br, Mo 12–17, Di–Sa 12–24, So 12–20 Uhr

Der Vorreiter
Belmonte ☼ Karte 4, E 3
Mit Belmonte fing der Trend der Knei-

penketten in Rio an. Hier steht das Bier besonders schnell auf dem Tisch, vor dem Lokal findet sich stets eine Menschentraube in lockerer Unterhaltung. Weitere Filialen u. a. in Copacabana, Ipanema und Leblon (Rua Dias Ferreira 521, tgl. 12–3 Uhr).
Av. Mem de Sá 82, Lapa, T 021 22 24 21 69, Mo 11.30–2, Di–So 10–3 Uhr

Straßenparty
Devassa ☼ Karte 3, E 10
Das nach deutschem Rezept in eigener Brauerei hergestellte Bier ist hervorragend: Es gibt fünf Sorten Frischgezapftes, nach Meinung vieler Europäer fließt am besten Ruiva (»die Rothaarige«), die Brasilianer bevorzugen Loura (»die Blonde«) oder Negra (»die Schwarze«). Weitere Filialen u. a. in Ipanema (Rua Prudente de Morais 416) und Centro.
Rua Bolívar 8, Copacabana, T 021 22 36 06 67, www.devassa.com.br, tgl. 12–2 Uhr

Mit Schaumkrone
Informal ☼ Karte 3, E 10
Gepflegt und dennoch zwanglos, nett dekoriert, das Bier hat nach deutschem Vorbild eine Schaumkrone. Weitere Filialen u. a. in Leblon und Botafogo.
Rua Domingos Ferreira 215, Copacabana, T 021

38 16 09 09, www.botequiminformal.com.br,
tgl. 12–1 Uhr

Hipster-Treff
Comuna ⚙ E 8
Außen weist kein Schild auf die
»Kommune« hin, in der sich die
alternative oder linke Szene gerne trifft.
Hippe Vollbartträger und Frauen in
schwarzen Grunge-Klamotten gehen hier
ein und aus. Das hochinteressante Haus
beherbergt neben Bar und Tanzfläche
u. a. auch zwei Kunstgalerien. An der
Ecke Rua Mena Barreto befinden sich
diverse weitere belebte Bars, z. B. die Bar
Aline. Ein überraschendes Kontrastpro-
gramm in Rio, bester Tag: Donnerstag.
Rua Sorocaba 585, Botafogo, T 021 35 79
61 75, www.comuna.cc, Di, Do 18–1, Fr, Sa
18–2.30, So 18–0.30 Uhr

Lässiger Sundowner
Bar da Praia ⚙ Karte 3, B 11
Entspannte Bar in Strandnähe unter
dem Hotel Marina Palace, auf dessen
gut besuchter Terrasse der Tag einen
stilvollen Abschluss findet. Caipirinhas
ab 20 R$ und hausgemachte Hambur-
ger für 26 R$. Sonntags legen DJs auf.
Rua João Lira 5, Leblon, T 021 25 29 57 67,
Mo–Fr 18–2, Sa, So 14–2 Uhr

LIVEMUSIK

Nordost-Feeling
Feira de São Cristóvão ⚙ B 2
Innerhalb eines aufwendig restaurierten
Stadions finden sich 700 preiswerte
Verkaufsstände und Restaurants sowie
zwei große Livebühnen mit Forró-Bands
und Tanz, es geht hoch her. Anfahrt mit
Uber oder Taxi.
Campo de São Cristóvão, T 021 25 80 69 46,
www.feiradesaocristovao.org.br, Di–Do 10–18,
Fr 10 bis So 22 Uhr durchgehend, Eintritt ab Fr
18 Uhr 5–10 R$

Heiß und eng
Café Cultural Sacrilégio ⚙
Karte 4, E 3
Kleines, intimes Musiklokal in einem

AUSGEHEN

Wer tiefer in Rios Nachtleben
einsteigen möchte, findet im
Büchlein »Rio for Partiers« (Engl.)
die besten Ausgehtipps für jeden
Wochentag. Nebenbei erklärt der
weit gereiste brasilianische Autor
Cristiano Nogueira den Gringos mit
einem charmanten Augenzwinkern,
wie die Cariocas ticken. Er benennt
die 14 klassischen »Fashion Crimes
in Rio« und gibt darüber hinaus
viele nützliche Tipps für so manche
Alltagssituation. Erhältlich im
Buchhandel oder per Hotel-Drop-
Off (Zahlung mit Kreditkarte auf
www.rioforpartiers.com, 33 US$,
inkl. Gutscheinheft).

Altbau, gleich neben dem Carioca da
Gema (▶ S. 62). Auch hier dürfen
Sie flotten Live-Samba und viel Tanz,
aber eher keinen Sitzplatz erwarten.
Es empfiehlt sich, früh zu kommen und
vor dem Konzert vorzuglühen mit den
exzellenten Caipis und superleckeren
Appetizern, wie den Quesadillas mit
Hühnchenfüllung (36 R$), die laut
vielgereisten Globetrottern sogar besser
als in Mexiko schmecken.
Av. Mem de Sá 81, Lapa, T 021 39 70 14 61
(Tischreservierung Mo–Fr 10–19 Uhr), www.
sacrilegio.com.br, Di–Fr 19–3, Sa 20–4 Uhr,
Band ab 21 Uhr, Eintritt Di–Do 25 R$, Fr,
Sa 35 R$, Ermäßigung über Website (»Lista
Amiga«)

Unprätentiös
Ponto da Bossa Nova ⚙
Karte 3, E 10
In dieser urigen Straßenbar wird regel-
mäßig Livemusik gespielt – aber nicht
nur Bossa Nova, auch MPB- oder Serta-
nejo-Fans kommen auf ihre Kosten. Bis
etwa 22 Uhr wird auf der Außenterrasse
ausgelassen gefeiert. Dazu anständige
Speisekarte und *chope* für 6 R$.
Rua Domingos Ferreira 215, Copacabana, T 021
25 49 75 97, www.pontodabossanova. com.
br, Di–Fr 17–2, Sa, So 12–2 Uhr, tgl. ab 20 Uhr
Liveauftritte (6 R$ p. P.)

Wenn die Nacht beginnt

Ausweg für Kulturflüchtlinge
The Lucky Screw ⚙ Karte 3, E 10
Fluchtpunkt für musikalische Notfälle:
Wer mit dem Samba fremdelt oder überhaupt mit der ganzen »Latinomusik«
nicht klar kommt, der kann in diesen
von einem Kanadier geführten Irish Pub
flüchten. Ab 21 Uhr wird englischsprachiger Rock live auf der Bühne gespielt.
Av. Atlântica 3056, Copacabana, T 021 32 53
28 11, tgl. 10.30–2 Uhr, Eintritt ab 20 Uhr
10–15 R$, Mi frei

SAMBA, CHORINHO & CO.

Authentisch
Beco do Rato ⚙ Karte 4, F 4
An die 400 Leute versammeln sich in
der kleinen Bar in einer Sackgasse zu
einer stilechten »Roda de Samba«. Das
Ambiente gleicht mehr einer großen
Straßenparty. Hinter den Musikern sind
auf einem Wandgemälde musikalische
Ikonen Rios wie Alcione oder Beth
Carvalho verewigt.
Rua Joaquim Silva 11, Glória, T 021 25 08 56
00, www.becodorato.com.br, Live-Samba Di, Do
20–24 (15 R$), Fr 20–2 (20 R$) Uhr, Sa Zeiten
und Eintritt variabel

Kleines Samba-Juwel
Bip Bip ⚙ Karte 3, D 10
Vor dem legendären kleinen Laden von
1968 versammeln sich auf dem Gehweg
Stammgäste und zufällig hierher verirrte
Touristen, nippen ein Dosenbier und
lauschen einigen der besten Samba-
Musiker Rios. Um die Nachtruhe der
Anwohner nicht zu stören, wird hier
statt Beifall oft nur mit den Fingern
geschnipst.
Rua Almirante Gonçalves 50, Copacabana, T
021 22 67 96 96, ab 19 Uhr Live-Samba (Do, Fr,
So), Bossa Nova (Mi) oder Choro (Mo, Di)

Mitreißend
Ginga Tropical ⚙ Karte 4, E 3
Niveauvolle Tanz- und Folkloreshow
für Touristen (Beginn 21 Uhr, vorher
Abendessen und kleiner Sambakurs).
Vorgestellt werden Gesänge und Tänze
aus vielen Regionen Brasiliens, die von
den Darstellern selbst choreografiert
wurden, wie z. B. Frevo (aus Pernambuco), Capoeira und Candomblé (aus
Bahia) oder Samba (aus Rio). Wer die
künstlerische und tänzerische Vielfalt
Brasiliens noch nicht erlebt hat, erhält
hier einen stimmungsvollen Querschnitt.
Die knapp 90-minütige Show findet in
einem schön restaurierten Altbau statt.
Im Anschluss können Sie gegenüber
ins Rio Scenarium (▶ S. 63) gehen,
dort erhalten Sie eine Ermäßigung und
ersparen sich die Warteschlange.
Rua Lavradio 25, Lapa, T 021 35 88 68 57,
www.gingatropical.com, Di, Do, Sa 19.30–22.30
Uhr, Eintritt 200 R$ (inkl. Transport, Abendessen
und Caipirinha 360 R$), Reservierung per
Website oder Telefon

Sambaschulen
Mangueira und Salgueiro
⚙ Karte 5, C 2 bzw. C 3
Bereits ab August fangen die ersten der
zwölf Sambaschulen der 1. Liga *(Grupo
Especial)* an, in ihren Hallen *(quadras)* zu
proben und zu feiern, diese Feste ziehen
sich bis Karneval hin. Empfehlenswert ist
ein Besuch von Mangueira, der traditionsreichsten Sambaschule Rios, die für
ihre rosa-grünen Trachten bekannt ist. Der
Verein ist bestens organisiert und besitzt
in seiner Halle eine sehr gute Infrastruktur. Ebenfalls lohnenswert ist ein Besuch
der Sambaschule Salgueiro, die der Südzone am nächsten liegt. Beide Schulen
bieten ein nettes und sicheres Ambiente,
es wird getanzt, getrunken und es geht
ziemlich laut und fröhlich zu (ggf. Oropax
mitnehmen). Aufgrund des Komforts, der
Entfernung und der Sicherheit kann der
Besuch über Agenturen gebucht werden,
z. B. Be Carioca Tour (T 021 983 94 41
96, www.becarioca.com.br, 230 R$ p. P.,
mind. 2 Pers., inkl. Transfer und Eintritt).
Auch die Teilnahme an Karnevalsumzügen im Sambódromo ist über die Agentur
möglich.
Mangueira: Rua Visconde de Niterói 1072, T 021
25 67 34 19, www.mangueira.com.br, Okt.–Karneval Sa ab 24 Uhr (ab 22 Uhr Vorgruppe), Eintritt
40–50 R$; Salgueiro: Rua Silva Teles 104, Andaraí,
T 021 22 38 92 26, www.salgueiro.com.br, Aug.–
Karneval Sa ab 23 Uhr, Eintritt 40–50 R$

Die Sambaschule Mangueira in der gleichnamigen Favela probt und feiert schon Monate vor dem Karneval.

TANZEN

Szenedisco
Melt Bar ☼ Karte 3, A 11
Großes, ziemlich schickes In-Lokal der Mittel- und Oberschicht für bis 400 Gäste. Bar, Restaurant, Tanzfläche und hohe Flirtbereitschaft. Die 20–40-Jährigen tanzen hier erst zu Livemusik, später am Abend legen DJs auf. Musikrichtung und Partymotto (Beginn ab 22 Uhr) werden auf der Website angekündigt. Dort können Sie sich auch für die Gästeliste (»Lista Amiga«) registrieren lassen und zahlen dann höchstens 60 %.
Rua Rita Ludolf 47, Leblon, T 021 22 49 93 09, www.meltbar.com.br, Di–So ab 20 Uhr, Eintritt 20–25 R$ (Frauen), 40–60 R$ (Männer)

Forró am Dienstag
Centro Cultural Estudantina
☼ Karte 4, E 3
Schönes historisches Gebäude, das vom Stammpublikum vor allem wegen der dienstäglichen Forró-Abende geliebt wird. Oft beginnt es mit einem kurzen Crashkurs gegen 20.30 Uhr, im Anschluss füllt sich die Tanzfläche, und ab etwa 23 Uhr geht es mit dem Auftritt einer Liveband dann richtig ab.
Praça Tiradentes 79, Centro, Di–Sa 20–4 Uhr, Eintritt 15–20 R$, Frauen bis 21 Uhr frei

Rockig
Bar Bukowski ☼ E 8
In einer der ältesten Rockbars der Stadt wird die Nacht zum Tage. Die Gäste sitzen oder stehen im Garten unter Bäumen und stärken sich für die drei Tanzflächen, auf denen klassischer, aktueller und von Schallplatte gemischter Rock abgespielt wird. Am besten ist es, vor 21 Uhr zu erscheinen, um die obligatorische Warteschlange zu vermeiden. Netter Bonus für Schauspieler, Künstler und Lehrer: Diese Berufsgruppen dürfen bei Vorlage eines Nachweises gratis rein.
Rua Álvaro Ramos 270, Botafogo, T 021 22 44 73 03, www.barbukowski.com.br, Fr 18.30–6, Sa 21–6 Uhr, 50 R$

Brodelnder Hexenkessel
Choperia Brazooka ☼ Karte 4, E 3
Auf vier Ebenen wird getanzt, gegessen und geflirtet. Partybereite Menschen unterschiedlicher Altersklassen verbringen hier ihre Nacht, die Stimmung wird meist mit Samba-Livemusik angeheizt (ab 20 Uhr, Sa ab 22 Uhr), in den Pausen bringt ein DJ die Menge zum Brodeln. Am Wochenende sehr gut besucht.
Av. Mem de Sá 70, Lapa, T 021 22 26 96 91, Mi, Do 18–2, Fr, Sa 18–4 Uhr, Eintritt Fr, Sa R$10, sonst frei

Hin & weg

Der **Aeroporto Internacional Antônio Carlos Jobim**, kurz Galeão (□ Karte 5, C 2, Flughafencode GIG, T 021 33 98 50 50), liegt 15 km nördlich vom Zentrum auf der Ilha do Governador. An der Guanabara-Bucht gibt es den kleineren **Aeroporto Nacional Santos Dumont** (□ Karte 5, D 3, T 021 38 14 70 70), von dem aus v. a. São Paulo angeflogen wird.
Bus: Von beiden Flughäfen fährt die Gesellschaft **Premium** (Linie 2018, www.premiumautoonibus.com.br) zu den Strandvierteln und bis nach Barra da Tijuca (Alvorada), mit Halt vor den großen Hotels (16 R$, alle 30–40 Min., Mo–Fr 5.30–24, Sa, So 5.30–23.40 Uhr).
Airport-Shuttle: Van-Transporter von **Shuttle Rio** (T 021 78 42 24 90, www.shuttlerio.com.br, tgl. stdl. Fahrten 8–19 Uhr, Reservierung tgl. 7.30–20 Uhr oder über Website) steuern um die 70 Hotels und Hostels in Copacabana, Ipanema und Leblon (25 R$) sowie einige in Barra da Tijuca (30 R$) an.
Taxi: Am günstigsten sind die gelben Taxis (»Táxi comum«): An Schaltern innerhalb der Flughafenhalle sind die Fixpreise angezeigt (z. B. nach Copacabana 66 R$, Ipanema 61 R$; ab 21 Uhr ca. 20 % teurer), Zahlung im Voraus.

EINREISEBESTIMMUNGEN

Visum: Für Westeuropäer besteht keine Visumpflicht. Während des Flugs ist eine Einreisekarte auszufüllen, die mit einem mind. 180 Tage gültigen Reisepass vorgelegt und bis zur Ausreise aufbewahrt werden muss.
Impfungen: Bei der Einreise aus Europa nicht vorgeschrieben, nur aus einigen Ländern Südamerikas sowie bei Kreuzfahrten auf der Route Amazonien–Rio ist eine Gelbfieber-Impfung notwendig. Ratsam sind die üblichen

Impfungen (Tetanus, Diphtherie, Typhus sowie Hepatitis A und B); Gelbfieber und Malaria kommen in Rio nicht vor, die Denguefieber-Fälle sind zurückgegangen.
Weitere Infos: zu Einreise, Visum etc., auch etwas Landeskunde unter www.brasilianische-botschaft.de.

FEIERTAGE

An kirchlichen Feiertagen sowie an folgenden Tagen haben Banken und Behörden geschlossen:
20. Jan.: São Sebastião (Fest zu Ehren des Schutzheiligen von Rio)
21. April: Gedenktag für den Nationalhelden Tiradentes
23. April: São Jorge
1. Mai: Tag der Arbeit (Dia do Trabalhador)
7. Sept.: Tag der Unabhängigkeit
12. Okt.: Tag der Schutzpatronin Brasiliens Nossa Senhora da Aparecida
2. Nov.: Allerseelen (Finados)
15. Nov.: Tag der Proklamation der Republik (Proclamação da República)

GELD

Brasiliens Währung ist der Real (R$, Plural: Reais). Bringen Sie für den Anfang einen Betrag in Euro bzw. Schweizer Franken mit und tauschen Sie diesen in einer Wechselstube *(casa de câmbio)* am Flughafen oder in der Stadt (oft in Reisebüros). Zusätzlich brauchen Sie eine Kreditkarte zur Bezahlung und Barabhebung (am besten: Visa). Abheben an Bankautomaten ist oft auch mit einer EC-Karte (Maestro/Cirrus) in Banco do Brasil- und Bradesco-Filialen möglich.

GESUNDHEIT

Die privatärztliche Versorgung in Rio ist gut, auch Apotheken *(farmácias)* sind zahlreich vorhanden. Auf Ausländer spezialisiert ist die Clínica Galdino Campos (Av. N. S. de Copacabana 492, T 021 25 48 99 66, www.clinicagaldinocampos. com.br), man spricht Englisch. Im Notfall kann eine schnelle Einweisung veranlasst werden. Wasser nur aus abgefüllten Plastikflaschen *(água mineral)* trinken, nie aus dem Hahn! In hygienisch zweifelhaften Lokalen sollten Sie Getränke ohne Eis *(sem gelo)* bestellen.

INFORMATIONSQUELLEN

Das brasilianische Tourismusministerium unterhält zur Zeit kein Büro in Deutschland, Österreich oder der Schweiz. Reiseinfos finden sich auf der Website www.visitbrasil.com (engl.).

… in Rio de Janeiro
Riotur: Infostände u. a. Av. Atlântica (Höhe Rua Hilário de Gouveia), Copacabana, T 021 20 88 00 70, tgl. 8–21 Uhr.

… im Internet
www.topicos.de: Anspruchsvolle Seite der Deutsch-Brasilianischen Gesellschaft e.V., die auch die Zeitschrift »Tópicos« (Deutsch/Portug.) herausgibt.
www.riotimesonline.com: Online-Nachrichten aus Brasilien (Engl.).
www.climatempo.com.br: Wettervorhersage für Rio (bei »Estado« und »Cidade« jeweils »Rio de Janeiro« anwählen).

ÖFFNUNGSZEITEN

Viele der angegebenen Öffnungszeiten verlängern sich in der brasilianischen Sommerzeit (Okt.–März) um eine Stunde.

RAUCHEN

Seit einiger Zeit ist das Gesetz »Rio sem Fumo« in Kraft, d. h. in geschlossenen Räumen darf nicht mehr geraucht werden. Halb draußen unter Markisen ist das Rauchen auch verboten. Die Besitzer der Etablissements achten strikt auf die Einhaltung, da im Falle einer Missachtung hohe Strafen drohen. Allgemein wird in Brasilien nicht viel geraucht und die wenigen Raucher verhalten sich sehr rücksichtsvoll. Tun Sie es ihnen gleich.

SPORT UND AKTIVITÄTEN

Wandern
Im Parque Nacional da Tijuca (Karte 5, C 3) gibt es ein weitläufiges, ausgeschildertes Wegenetz (Karten im Souvenirladen am Parkeingang). Längere Wanderungen, die von den Hauptwegen wegführen, sollten Sie nur in Begleitung eines Guides unternehmen. Interessante Hiking-Touren, die eine Mischung aus Kultur und Naturerleben beinhalten, bietet die Agentur Jungle Me (T 021 41 05

KULINARISCHES

Cook in Rio: Simone Almeida führt in die brasilianische Kochkunst ein (u. a. *feijoada* oder *moqueca*). Nebenbei gibt sie Tipps zur Stadt und eine Einführung in die Lebensart der Cariocas, der Kurs empfiehlt sich deshalb zu Beginn des Aufenthalts (Rua Belford Roxo 161, 2. OG, Copacabana, T 021 987 61 36 53, www. cookinrio.com, Kurse engl. 75 US$ p. P. inkl. Speisen und Getränke, 2–10 Pers.).
Fruit Brazil: Von den Machern von Cook in Rio stammt auch diese originelle Idee: auf einem Straßenmarkt probiert man viele tropische Früchte in einer *fruit tasting session*, darunter typisch brasilianische Früchte wie *acerola, graviola, jabuticaba, pitanga, carambola* u. v. m. (T 021 988 94 98 57, www.fruitbrazil. com, Sessions engl./dt. Mo–Sa 10 Uhr, Dauer 2 Std.,100 R$ p. P.).

75 33, www.jungleme.com.br). Beliebt
bei weniger geübten Wanderern ist der
leichtere »Tijuca Express Hike« (Tour
4–5 Std., davon Wanderung 2 Std., ab
175 R$ p. P.), die körperlich Fitteren
wählen den »Tijuca Big Circuit« (Tour
8–9 Std., davon Wanderung 5 Std., ab
225 R$ p. P., Abholung jeweils vom
Hotel). Zu Beginn geben Guides eine
Einführung (engl.) in die Geschichte Rios
und des Nationalparks.

Radfahren
Rio besitzt das größte Radwegenetz
Brasiliens, u. a. durchgehend an der
Strandpromenade vom Flughafen Santos
Dumont bis Leblon (zukünftig weiter
bis Barra da Tijuca) sowie rund um die
Lagoa Rodrigo de Freitas.
Bike & Lazer: ⌖ Karte 3, D 10, Rua
Visconde de Pirajá 135, Ipanema, T 021
25 21 26 86, www.bikeelazer.com.br,
Mo–Fr 9–20, Sa 9–17 Uhr. 21-Gang-
Räder 20 R$/Std. bzw. 80 R$/24 Std.

Stadtführungen
Rio hinter den Kulissen: Das deutsch-bra-
silianische Team von **RioConnection**
stellt in Zusammenarbeit mit Locals ein
Programm nach individuellen Interessen
zusammen, berät und begleitet durch
die Stadt (T 021 983 04 99 67, www.
rio-connection.com).

.... **UMWELTFREUNDLICH UNTERWEGS** ....

Metro
Rios Metro (www.metrorio.com.br)
ist modern, sauber und sicher. Es gibt
nach dem Ausbau nach Barra da Tijuca
(Jardim Oceânico, Linie 4) nun drei
Linien. Linien 1 und 2 verkehren Mo–Sa
5–24, So, Fei 7–23 Uhr, Linie 4: Mo–Sa
6–21, Einzelfahrt *(unitário)* und Metro/
Bus-Verbundticket *(metrô na superfície)*
für Anschluss-Busse je 4,10 R$. Beide
müssen vor Einstieg in die Metro gekauft
werden. Bei häufiger Nutzung empfiehlt
sich die elektronische Sammelfahrkarte
Cartão Pré-Pago (an Fahrkartenschaltern,
Aufladung mind. 5 R$).

Straßenbahn (VLT)
Seit 2016 verbindet eine moderne Straßenbahn (VLT, Veículo Leve sobre Trilhos)
den Flughafen Santos Dumont mit dem
Busbahnhof Novo Rio (tgl. 6–24 Uhr, alle
15 Min., 3,80 R$). Zur Benutzung muss
zunächst eine RioCard (3 R$, keine Wech-
selgeldrückgabe) gekauft werden, die an
Automaten der Stationen erhältlich ist.

Stadtbusse
Rio besitzt ein dichtes Busnetz (www.
vadeonibus.com.br). Um in einem Bus
mitzufahren, müssen Sie zunächst an der

SICHERHEIT UND NOTFÄLLE

Diebe sind nur an Geld und Wertgegen-
ständen interessiert, die man im Ernst-
fall sofort herausgeben sollte! Reagiert
man gelassen, geht die Gefahr, dass
etwas Schlimmeres passiert, fast gegen
null. Abends sowie Samstagnachmittag
und Sonntag sollten Sie das Zentrum
meiden, nach Geschäftsschluss ist es
wie ausgestorben (außer in den Gassen
der After-Work-Partys).
Generalkonsulate
Deutschland: Av. Pres. Antônio
Carlos 58, Casa da Europa, Centro, T
021 33 80 37 00
Schweiz: Rua Cândido Mendes 157,
11. OG, Glória, T 021 38 06 21 00
Österreich: Botschaft in Brasília, Av.

das Nações, Quadra 811, Lote 40, T
061 34 43 31 11
Notrufnummern
Ambulanz 192
Feuerwehr (Corpo de Bombeiros) 193
Polizei (Polícia Militar) 190
**Sperrung von EC-und Kreditkarten
bei Verlust oder Diebstahl:** 0049
116 116 (gilt nur, wenn das ausstel-
lende Geldinstitut angeschlossen
ist; Übersicht: www.sperr-notruf.de).
Halten Sie Kreditkartennummer, Kon-
tonummer und Bankleitzahl bereit.
Delegacia de Atendimento ao
Turista: Rua Afrânio de Melo
159, Leblon, T 021 23 32 29 24,
24-Std.-Touristenpolizei (engl.)

Haltestelle durch Handzeichen vehement auf sich aufmerksam machen. Der Einstieg ist meist vorn, bezahlt wird beim Schaffner (3,80 R$), und hinten wird ausgestiegen. Gut festhalten, der Fahrstil ist ziemlich rasant!

Taxi vs. Uber

Die Taxifahrer von Rio genießen nicht den besten Ruf. Leider kommt es oft vor, dass ein Fahrer das Fahrtziel nicht »kennt« oder nicht der kürzeste Weg eingeschlagen wird. Die kaum vorhandenen Fremdsprachenkenntnisse erschweren die Kommunikation zusätzlich. Unbedingt sollte (falls kein Festpreis ausgehandelt wurde) das Taxameter eingeschaltet und der richtige Tarif gewählt sein: Mo–Sa von 6–21 Uhr gilt Bandeira 1 (Grundpreis 5,40 R$, je km 2,30 R$), zu den anderen Zeiten sowie an Feiertagen und im Dezember die teurere Bandeira 2 (Grundpreis 6,60 R$, je km 2,76 R$). Dazu können weitere Kosten anfallen: z. B. für Gepäck (2,30 R$ pro Stück, wenn es größer als 60 x 30 cm ist). Die Tarife werden regelmäßig erhöht. Dann dauert es Monate, bis alle Taxameter umgerüstet sind. Nur Tabellen listen zu der Zeit die korrekten Beträge auf. Sollten Sie einen vertrauenswürdigen Fahrer kennenlernen, lassen Sie sich die Telefonnummer für weitere Fahrten geben. Tarifrechner: www.tarifadetaxi.com (»Rio de Janeiro« wählen, dann bei »Origem« den Start und bei »Destino« das Ziel eingeben).
In heftigen Konflikten steht die Taxifahrergilde mit der Konkurrenz Uber. Viele Cariocas und Touristen steigen um und nutzen den Service mit den deutlich günstigeren Tarifen und den zumeist wesentlich freundlicheren Fahrern.

Mietwagen

Im Allgemeinen raten wir vom Selbstfahren in Rio ab. Wer es trotzdem wagen will, kann sich an die großen Unternehmen am Flughafen wenden.

Fahrdienste

Für Transfers, Abholservice vom Flughafen, Tagestouren im Umland usw. empfehlen sich Fahrdienste. Die folgenden Agenturen sind seriös, zuverlässig und auf ausländische Besucher spezialisiert (engl.):

Intertouring Receptivo: Av. N. S. de Copacabana 330, sala 504, T 021 25 49 02 72, www.intertouringreceptivo.com.br. Erfahrene Agentur (seit 1997), über die Ausflüge in Rio und Umgebung gebucht werden kann (u. a. Paraty und Búzios). Moderne Wagen, gute Fahrer.
C.J. Executive: Av. Salvador Allende 6555, Barra da Tijuca, T 21 24 41 94 50, www.cj-e.com. Von Franzosen geleitete High-End-Agentur, die neben maßgeschneiderten Fahrdiensten auch diverse Concierge-Services anbietet.
Marcelo Esteves: T 021 3813 30 97, Whatsapp +5521 999 84 76 54, marcelo.esteves@hotmail.com. Sympathischer Privatfahrer mit eigener Agentur, Marcelo spricht sehr gut Englisch und auch ein wenig Deutsch.

Fähren

Von der Estação das Barcas (ￂￂ F 2, Praça 15 de Novembro) fahren Personenfähren *(balsas)* zur Ilha de Paquetá (▶ S. 84) und zum Zentrum der Nachbarstadt Niterói (Praça Arariboia, 20 Min., 5,60 R$, Mo–Sa alle 10–30 Min., 6–23.30 Uhr, So stdl. 6–23 Uhr). Zum Strandviertel Charitas in Niterói fahren Schnellboote, nur Mo–Fr 7.10–21 Uhr, alle 20–40 Min., aber nicht zwischen 12 und 16 Uhr (20 Min., 15,40 R$). Fahrpläne über die Website www.barcas-sa.com.br (Linhas, horários e tarifas).

O-Ton Rio de Janeiro

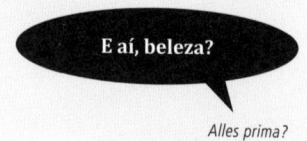

E aí, beleza?

Alles prima?

Qual é a parada?

Was läuft? Was ist angesagt?

TÁ TRANQUILO.

Pode crer.

Alles ok, alles in Butter.

Kannste glauben.

Maneiro/show de bola.

Cara.

Super! Perfekt!

VALEU.

Häufige umgangssprachliche Anrede unter Männern.

Danke (statt des formaleren Obrigado)

Fechado/fechou.

Adorei.

Abgemacht.

Hat mir sehr gefallen.

Saideira.

Caraca/Caramba

Ein letztes Getränk/Absacker.

Das ist ja irre, wahnsinnig, kaum zu glauben.

A

Abençoado 22
Academia da Cachaça 36, 106
AC Barra Marriott Hotel 87
Aconchego Carioca 5, 93
Adega Pérola 105
Aeroporto Internacional Antônio Carlos Jobim 110
Aeroporto Nacional Santos Dumont 110
Airport-Shuttle 110
Aktivitäten 111
Aléia Barbosa Rodrigues 39
Alessandro & Frederico Café 32
Amarelinho 65
Amsterdam Sauer 32
Anreise 110
Antonio Bernardo 100
AquaRio 81
Arab 39
Arcos da Lapa 61
Arena 44
Arena Ipanema Hotel 88
Armazém São Thiago (Bar do Gomes) 105
Arpoador 29
Assis (O Bistrô do Hartmann) 49
Atlantis Copacabana Hotel 87
Aussichtspunkt Dona Marta 5
Aussichtspunkt Mirante Dona Marta 44, 48
Aussichtspunkt Vista Chinesa 40
Avenida Ataulfo de Paiva 36
Avenida Atlântica 26
Avenida Mem de Sá 61
Avenida Vieira Souto 30

B

Baixo Copa 28
Baixo Dias Ferreira 36

Banco Nacional do Desenvolvimento (BNDES) 66
Bar Aline 107
Bar Astor 31
Bar Bukowski 109
Bar da Praia 107
Bar do Gomes 58, 105
Bar do Mineiro 58
Bar Urca 24
BB Lanches 91
Be Carioca Tour 108
Beco do Rato 108
Belmond Copacabana Palace 89
Belmonte 28, 106
Berbigão 52, 74
Bibi Sucos 91
Biblioteca Nacional 65
Biggs, Ronald 120
Bike & Lazer 111
Bio Carioca 91
Bip Bip 108
Bistrot La Bicyclette 40
Botanischer Garten 38
Boteco da Garrafa 28, 62
Brasileirinho 94
Brigite's 36, 96
Buarque, Chico 120
Bumbum 102
Büro von Oscar Niemeyer 28
Busse 112

C

Café 18 do Forte 29
Cafecito 58
Café Cultural Sacrilégio 4, 62, 107
Café do Lage 91
Cafeína 91
Carioca da Gema 62
Carretão Lido 28
Casa da Carmen e do Fernando 87
Casa da Feijoada 94
Casa de Cultura Dedé 44
Casa de Cultura Laura Alvim 79
Casa de Rui Barbosa 79
Casa França-Brasil 71
Casa Turuna 71

Castelinho 38, 87
Castelinho do Flamengo 52
Catedral Metropolitana de São Sebastião 65
Catete 51
Celeiro 36, 92
Centro Cultural Banco do Brasil (CCBB) 71
Centro Cultural dos Correios 79
Centro Cultural Estudantina 109
Centro Cultural Oduvaldo Vianna Filho 52
Cervantes 94
Chafariz do Mestre Valentim 70
Chico & Alaíde 36, 105
Chilli Beans 102
Choperia Brazooka 109
Christus-Statue 46
Churrascaria Palace 93
Cinelândia 64
Circuito Carioca de Feiras Orgânicas 99
C.J. Executive 113
Clássico Beach Club 22
Clube de Regatas do Flamengo 41
Cobal Humaitá 4, 45
Cobal Leblon 36
Colônia dos Pescadores 29
Companhia de Pesquisa de Recursos Minerais 21
Comuna 107
Confeitaria Colombo 29, 67
Convento de Santa Teresa 60
Cook in Rio 111
Copacabana 25
Copacabana Palace 28
Corcovado 46
Cosme Velho 47
Cristo Redentor 47

D

Deck Lounge Bar 105
Delegacia de Atendimento ao Turista 112

Register

Delírio Tropical 92
Desacato 36
Devassa 28, 106
Dois Irmãos 34
Dona Marta
   (Aussichtspunkt) 5

E

Edifício Flamengo 53
Edifício Praia do
   Flamengo 53
Edifício Ypiranga 28
Einkaufen 98
Ellus 103
Empório Saúde 92
Escadaria do Selarón
   53, 60
Espaço Cultural da
   Marinha 78
Espaço Michael Jackson
   44
Espírito Santa 59, 96
Estação Baião de Dois
   77
Estação das Barcas 72
Estação Hidroviária 74
Estação Paineras 48
Estação Trem do
   Corcovado 47
Estádio Mário Filho
   (Maracanã) 75

F

Fábrica de Pólvora 40
Fahrdienste 113
Fähren 113
Família Paludo 74
Farm 103
Favela Santa Marta 42
Favela Scene 45
Favela Vidigal 7
Feiertage 110
Feira da Urca 99
Feira de Artesanato de
   Copacabana 99
Feira de Ipanema 99
Feira de São Cristóvão
   77, 107
Feira do Rio Antigo 99
Feira Hippie de Ipanema
   100
Feirinha na Praça São
   Salvador 100

Fischerkolonie 29
Flamengo 39, 51
Flughafen 110
Fogo de Chão 93
Fortaleza de Santa Cruz
   56, 74
Fortaleza de São João 24
Forte de Copacabana 29
Forte Lage 55
Forum Ipanema 98
Frontera 94
Fruit Brazil 111
Fundação Eva Klabin 78

G

Gabeira, Maya 120
Galeão (Flughafen) 110
Galerie Ipanema 2000
   98
Garota de Ipanema 32
Geld 110
Gesundheit 110
Gilda Midani 36, 103
Gilson Martins 100
Ginga Tropical 108
Giuseppe Grill 93
Glória 51
Graffiti 80
Granado Pharmácias 100
Guanabara-Bucht 55
Gula Gula 94

H

Havaianas 100
Heliponto 22
Hortifruti 99
Hotel Glória 54
Hotels 86
H. Stern 32

I

Icaraí-Strand 73
Igreja da Ordem Terceira
   de São Francisco da
   Penitência 66
Igreja de N. S. da
   Candelária 71
Igreja de N. S. da Glória
   do Outeiro 54
Igreja de Santo Antônio
   66
Igreja e Mosteiro de São
   Bento 85

Igreja Matriz de Nossa
   Senhora da Glória 52
Igreja N. S. do Brasil 24
Igreja Santa Cruz dos
   Militares 71
Igreja São José 70
Ilha de Paquetá 84
Ilha de Pombeba 56
Ilha Fiscal 56
Informal 106
Informationsquellen
   111
Insel Paquetá 84
Instituto Benjamin
   Constant 21
Instituto Moreira Salles
   79
Intertouring Receptivo
   113
Ipanema 30
Ipanema Plaza Hotel 88
Itacoatiara 74
Itaipu 74

J

Jachthafen 24
Jardim Botânico 38
Jardim Zoológico 77
Jobi 105
Jobim, Antônio Carlos
   120
Jojo Café Bistrô 40
Jorge, Seu 4
Jurujuba 74

K

Konsulate 112

L

Lagoa Aventuras 41
Lagoa Rodrigo de Freitas
   38
Lago Frei Leandro 40
Lagoon 39
La Mole 74
Lapa 61
Lapa 40 Graus 62
Largo da Carioca 66
Largo do Guimarães 58
Largo do Machado 51
La Vereda 59, 101
Leblon 34
Leme 26

Lima Restobar 45
Livraria Argumento 36, 99
Livraria da Travessa 99

M
Macaco Tião 120
Mãe Terra (Baixo Bebê) 35
Majórica Churrascaria 52
Mamma Rosa 49
Mangueira 5, 108
Mangue Seco 63
Maracanã 75
Maracanã-Stadion 75
Marcelo Esteves 113
Marina All Suites 35
Marina da Glória 55
Marina Palace 35
Marius Degustare 26
Marx, Burle 120
Melt Bar 109
Metro 112
Meza Bar 105
Mietwagen 113
Mirante do Leblon 35
Mirante Dona Marta (Aussichtspunkt) 44, 48
Mirante Paineiras 49
Mirante Pedrão 43
Mocidade Unida do Santa Marta 44
Momo 36
Monumento aos Mortos da Segunda Guerra Mundial 53
Monumento Natural dos Morros do Pão de Açúcar e da Urca 24
Morro da Babilônia (Favela) 45
Morro da Urca 21
Morro do Leme 26
Museen 78
Museu Casa do Pontal 83
Museu Chácara do Céu 60
Museu da Imagem e do Som 28, 79
Museu da República 54

Museu de Arte Contem-porânea (MAC) 56, 72
Museu de Arte do Rio (MAR) 80
Museu de Arte Moderna (MAM) 53
Museu de Folclore Edison Carneiro 54
Museu do Amanhã 56, 80
Museu do Índio 44
Museu do Meio Ambiente 40
Museu Histórico Nacional 78
Museu Nacional 76
Museu Nacional de Belas Artes 65
Museu Naval 78
Museu Seleção Brasileira 82
Museu Villa-Lobos 44

N
Nachtleben 104
Nationalpark Tijuca 40, 84
Niemeyer, Oscar 28, 120
Niterói 72
Nordzone 75
Notfälle 112
Novotel Santos Dumont 87

O
Obstaklo 41
Öffnungszeiten 111
Osteria Dell'Angolo 95

P
Paço Imperial 70
Palácio do Catete 54
Palácio Pedro Ernesto 65
Palácio Tiradentes 69
Palaphita Gávea 105
Palaphita Kitch 40
Pão de Açúcar 21
Paquetá (Insel) 84
Paróquia de N.S. do Car-mo da Antiga Sé 70
Parque da Catacumba 40
Parque da Cidade 74

Parque das Ruínas 59
Parque do Cantagalo 40
Parque do Catete 53, 54
Parque do Flamengo 53
Parque dos Patins 39
Parque Garota de Ipanema 29
Parque Lage 50, 85
Parque Nacional da Tijuca 40, 84
Parque Quinta da Boa Vista 76
Patrícia Viera 36, 103
Pedalinhos 41
Pedra do Arpoador 31
Pedro II. 120
Pepper 103
Pestana Rio Atlântica 88
Petrobras 65
Pista Claudio Coutinho 24
Plage Café 91
Plano Inclinado do Outeiro da Glória 54
Plano Inclinado (Standseilbahn) 43
Pontão do Leblon 35
Ponte Rio-Niterói 56
Ponto da Bossa Nova 107
Portella Bar 58
Porto Bay Rio Internacional 89
Praça 15 de Novembro 68, 70
Praça Antero de Quental 35
Praça Cantão 44
Praça Corumbá 43
Praça do Lido 28
Praça do Santa Marta 43
Praça Marechal Floriano Peixoto 64
Praça Tiradentes 66
Praia de Copacabana 26
Praia de Ipanema 31
Praia do Flamengo 53
Praia do Leblon 34
Praia do Leme 26
Praia Vermelha 22
Premier Fashion Arpoador 88

Register

Q

Quase Nove 31
Quiosque Chopp Brahma 26

R

Radfahren 111
Rayz 96
Real Gabinete Português de Leitura 66
Restaurante Da Bela 91
Restaurante Quinta da Boa Vista 76
Restaurants 90
RioConnection 112
Rio Deal Bed & Breakfast 87
Rio Design Leblon 36
Rio Electric 28
Rio Scenarium 4, 63
Rio Sul Shopping Center 24
Rocinha (Favela) 45
Rua Barão da Torre 4
Rua Bolívar 5
Rua Dias Ferreira 36
Rua do Catete 54
Rua do Lavradio 62
Rua Domingos Ferreira 5
Rua do Ouvidor 4, 70
Rua Garcia d'Ávila 31, 39
Rua Gustavo Sampaio 26
Rua Riachuelo 61
Rua Visconde de Pirajá 32

S

SAARA 71
Salgueiro 5, 108
Salinas 103
Salles, Walter 120
Santa Clara 33 101
Santa Teresa 57
Santa Teresa Hotel MGallery 89
São Cristóvão 75
Satyricon 97
Saveiros Tour 56
Sawasdee Bistrô 36
Schießpulverfabrik 40
Schutz 103
Seilbahn 23
Shopping 98
Shopping Leblon 36
Sicherheit 112
Simplesmente 58
Siqueira Grill 95
Sítio Roberto Burle Marx 83
Sobral 101
Sport 111
Stadtbusse 112
Stadtführungen 112
Strand von Icaraí 56
Straßenbahn (VLT) 112
Sushi Leblon 36

T

Taberna 564 49
Talho Capixaba 36
Taxi 113
Teatro Popular 56
Temporada 29, 94
Tenore Gourmet 74
Térèze 59
Terra Brasilis 23
Terrasse Centre 36
Theatro Municipal 65
The Lucky Screw 108
Toca do Vinícius 32, 99
Torta & Cia 36
Travessa do Comércio 4, 70

U

Uber 113
Universidade Federal do Rio de Janeiro 21
Urca 21

V

Vegetariano Social Clube 92
Venga 97
Via Sete 32, 94
Victória Rio 96
Vila Canoas (Favela) 45
Vista Chinesa (Aussichtspunkt) 40
Visum 110
VLT (Straßenbahn) 112

W

Wandern 112
Windsor Martinique 87

Z

Zambê 59, 102
Zazá Bistrô Tropical 97
Zona Norte 75
Zuckerhut 20, 55

Das Klima im Blick

Reisen bereichert und verbindet Menschen und Kulturen. Wer reist, erzeugt auch CO_2. Der Flugverkehr trägt mit bis zu 10 % zur globalen Erwärmung bei. Wer das Klima schützen will, sollte sich – wenn möglich – für eine schonendere Reiseform entscheiden oder die Projekte von atmosfair unterstützen. Flugpassagiere spenden einen kilometerabhängigen Beitrag für die von ihnen verursachten Emissionen und finanzieren damit Projekte in Entwicklungsländern, die dort den Ausstoß von Klimagasen verringern helfen (www.atmosfair.de). Auch die Mitarbeiter des DuMont Reiseverlags fliegen mit atmosfair!

Abbildungsnachweis

akg-images: S. 78/79 (De Agostini Picture Library)

Arpoador Fashion Hotel, Rio de Janeiro: S. 86 (Rangel)

Fotolia, New York: S. 42 (Aliaksei); 72, Umschlagklappe hinten (lazyllama); Umschlagklappe vorne, 53 (Thoermer)

Getty Images, München: S. 120/6 (AFP/Simon); 46 (Brazil Photos/Kontributor); 120/5 (Corbis/Grehan); 120/3 (Corbis/Hellestad); 22 (Cordioli); 14/15 (Garcia); 58 (Tama); 4 o. (Vartoogian); Titelbild, Faltplan (Veloso)

Glow Images, München: S. 61 (imagebroker/Kopp)

Huber-Images, Garmisch-Partenkirchen: S. 30 (Bartu); 81 (Bartuccio); 64 (Gräfenhain)

iStock.com, Calgary: S. 8/9 (azgek); 90 (diogoppr); 55 (Juliano)

Leo Kuienzk, Niterói: S. 92

Laif, Köln: S. 106 (Back); 25, 57 (hemis.fr/Gardel); 12/13, 51, 66 (Jonkmanns); 97 (Knechtel); 62, 102 (Le Figaro Magazine/Garault); 98 (Le Figaro Magazine/Gladieu); 120/9 (Maximiano); 120/1 (Polaris/Wilten); 75 (Polaris/Xinhua); 44 (REA/Nascimento); 104 (Redux/New York Times/Milton); 120/2 (UPI)

Look, München: S. 26 (age fotostock); 50 (Harding)

Mauritius Images, Mittenwald: S. 76 (age fotostock/Scozzari); 29 (Alamy/allOver images); 38 (Alamy/Bildagentur-online); 109 (Alamy/BrazilPhotos.com); 89 (Alamy/ITPhoto); 95 (Alamy/Kari); 40 (Alamy/Lazyllama); 4 u. (Alamy/Lewis); 101 (Alamy/robertharding); 32 (Alamy/Rotenberg); 68 (Alamy/Trower); 120/4 (United Archives); 70, 85 (Warburton-Lee/Robinson)

picture-alliance, Frankfurt a. m.: 120/8 (AP/Tanner); S. 82 (Conteudo/Motta); 16/17 (Ismar); 120/7 (zumapress.com/Kennell)

Schapowalow: S. 7 (SIME/Bartuccio)

Nicolas Stockmann, Salvador: S. 5 o.

Helmuth Taubald, Niterói: S. 5 u.

Visum, Hannover: S. 34 (Panos/Milton); 20 (Rudhart)

Alle Zeichnungen: Gerald Konopik, Fürstenfeldbruck

Kartografie

DuMont Reisekartografie, Fürstenfeldbruck
© DuMont Reiseverlag, Ostfildern

Umschlagfotos

Titelbild: Blick von der Christus-Statue auf Berge und Meer
Umschlagklappe hinten: Das Häusermeer des Stadtviertels Rocinha

Hinweis: Autoren und Verlag haben alle Informationen mit größtmöglicher Sorgfalt geprüft. Gleichwohl sind Fehler nicht vollständig auszuschließen. Alle Angaben erfolgen ohne Gewähr. Bitte schreiben Sie uns! Über Ihre Rückmeldung zum Buch und Verbesserungsvorschläge freuen sich Autoren und Verlag:
DuMont Reiseverlag, Postfach 3151, 73751 Ostfildern,
info@dumontreise.de, www.dumontreise.de

1. Auflage 2017
© DuMont Reiseverlag, Ostfildern
Alle Rechte vorbehalten
Autoren: Nicolas Stockmann, Helmuth Taubald
Redaktion/Lektorat: Martin Silbermann
Grafisches Konzept: Eggers+Diaper, Potsdam
Printed in China

Kennen Sie die?

Oscar Niemeyer

Aus der Feder des berühmten Architekten stammen die futuristische Hauptstadt Brasilia und zahlreiche Bauwerke – mit den für Niemeyer so typischen Rundungen und Kurven – auf der ganzen Welt.

Walter Salles

Der Filmemacher von Rio, international berühmt durch »Central do Brasil«, prämiert mit dem Goldenen Bären von Berlin.

Ronald Biggs

Der englische Posträuber verjubelte in Rio seine Millionen. 30 Jahre lebte er dort, bis er sich stellte und in einem englischen Militärhospital gesund pflegen ließ.

Pedro II.

Der erste in Rio geborene Monarch (1825). Im Alter von 14 erstieg er den Thron und blieb dort 49 Jahre, länger als jeder andere Herrscher in der Geschichte Brasiliens.

Burle Marx

Ein Nachfahre der Familie von Karl Marx ersetzte die französischen Gärten Rios durch tropische Dschungelparks. Am bekanntesten ist der Parque do Flamengo.

Antônio Carlos Jobim

Sein Bossa-Nova-Song »Garota de Ipanema« oder »Girl from Ipanema« machte Rio in der Welt bekannt. Das »Mädchen« lebt heute noch in Ipanema.

Maya Gabeira

»Big rider«, Rios weltberühmtes Surftalent ist so hübsch wie erfolgreich auf dem Brett. 2009 bezwang sie als erste Frau in Dungeons, Südafrika, eine 45 Fuss hohe Welle.

Macaco Tião

1988 erzielte der Affe 400 000 (Protest-)Stimmen bei der Bürgermeisterwahl, obwohl er stets schlecht gelaunt war und die Zoo-Gäste mit Dreck bewarf.

Chico Buarque

Großer Intellektueller, Sänger und Schriftsteller; erst jetzt entdeckte er eine alte Sünde seines Vaters und schrieb darüber den Roman »Mein deutscher Bruder«.